국어사전 독립선언

국어사전 독립선언

일본어사전을 베낀 국어사전 바로잡기

박일환 지음

섬앤섬
SOMENSUM PUBLISHING COMPANY

그동안 국어사전의 문제점을 지적하고 비판하는 책을 여러 권 펴
냈다. 국어사전이 조금이라도 제자리를 잡아가기를 바라는 마음을
담아 펴낸 책들이지만 내가 제기한 문제점들을 반영해서 수정하거
나 보완한 경우는 드물었다. 이번에도 한 권의 책을 보태면서 허공
에 맨주먹을 들이미는 꼴이 되지나 않을까 저어되는 게 사실이다.
그러면서도 꾸역꾸역 자료를 찾아가며 정리한 결과물을 세상에 내
놓는다. 누가 시켜서 시작한 일이 아니니 그저 내가 나에게 부여한
임무 중에서 다시 한 단락을 매듭지었다는 생각만 할 따름이다.

어떤 분야의 일이든 기본과 기초가 중요하다는 얘기를 한다. 이
책은 그동안 냈던 책들과 마찬가지로 국어사전의 기본과 기초에 대
한 문제 제기를 담고 있다. 국어사전에 실려야 할 낱말과 실리지 말
아야 할 낱말을 정하는 기준은 저마다 다르겠지만, 그래도 다수가
합의할 수 있는 최소한의 기준은 있을 것으로 믿는다. 그중에서 내
가 판단한 기준선 중의 하나를 제시하고 있는 셈인데, 국어사전에
관심 있는 분들의 다양한 토론과 판단이 있기를 바란다.

우리말 속에 일본말이 많이 들어와 있다는 건 다 아는 사실이다.

그런 얘기를 나까지 중언부언할 필요는 없고, 그 자체로는 큰 문제가 되지 않는다고 생각한다. 들어와서 우리 것이 되었다면 잘 쓰면 되고, 그렇지 못하고 쓰임새가 없다면 버리면 될 일이다. 우리말 속에 들어온 일본말을 지적하고 비판하는 책들은 많이 나왔다. 그중에서 가장 방대한 어휘를 모은 책이 이한섭 교수의 『일본어에서 온 우리말 사전』(고려대학교출판부)이다. 모두 3,634개의 어휘를 찾아서 출처와 함께 밝혀놓았다. 이런 식으로 어떤 말이 일본에서 만든 말인지 알아두는 것도 나쁘지는 않은 일이다. 하지만 나는 이 책에 실린 낱말을 거의 다루지 않았다. 거기 실린 낱말들은 혼응토^{混凝土}(시멘트)나 이재학^{理財學}(경제학)처럼 낯선 말도 있지만 라면이나 바께스, 견적^{見積}이나 차관^{借款}처럼 대부분 우리가 익숙하게 사용하고 있는 낱말들이다. 나는 그런 말보다 아무도 쓰지 않는 일본 한자어가 국어사전에 들어와 있거나 일본의 역사와 문화, 법률 등에서 비롯한 말인데 그에 대한 설명이 없어 마치 우리 것인 양 오해할 수 있는 것들, 나아가 한자 표기나 풀이 자체가 틀린 것들을 대상으로 했다. 심지어 상당수의 낱말은 일본어사전에 나온 풀이를 토씨만 바꿔서 그대로 신기도 했다. 이건 앞서 말한 기본을 생각하지 않는 편찬 태도에서 비롯한 참사다. 어떤 말을 쓰느냐 안 쓰느냐도 중요하지만, 어떻게 우리 것으로 만드느냐 하는 점이 더 중요하다고 본다.

국어사전의 문제점을 들여다보며 정리한 원고들이 더 있다. 얼마나 더 파고들게 될지 모르겠지만 갈 수 있는 데까지는 가볼 참이다. 국어사전 만드느라 애쓰는 분들의 노고를 모르지 않는다. 그렇지만 나 같은 사람도 있어야 그분들이 신발 끈을 더 단단히 조이게 되지 않을까 싶은 생각으로 죄송한 마음을 누른다. 지적하는 사람보다 실제로 무언가를 만드는 사람들이 더 힘든 길을 가고 있음을 잊지 않으려고 한다.

책을 만들어준 출판사, 인쇄소, 제본소, 그리고 유통과 판매를 담당하게 될 서점 등에서 일하는 모든 분들께 고맙다는 인사 말씀을 올린다.

2022년 가을 한글날

차례

製·졍·는 ·글·지·ᅀᅳᆯ·씨·니 御·엉製·졍·는 님·금 ·지·ᅀᅳ·샨 ·그·리·라

訓·훈·은 ·ᄀᆞᄅᆞ·칠·씨·오 民·민·은 百·ᄇᆡᆨ姓·셩·이·오

音·ᅙᅳᆷ·은 소·리·니 訓·훈民·민正·졍音·ᅙᅳᆷ·은 百·ᄇᆡᆨ姓·셩 ᄀᆞᄅᆞ·치·시·논 正·졍ᄒᆞᆫ 소·리·라

國·귁之·징語·ᅌᅥᆼ音·ᅙᅳᆷ·이

國·귁·은 나·라·히·라 之·징·는 ·입·겨·지·라 語·ᅌᅥᆼ音·ᅙᅳᆷ·은 :말ᄊᆞ·미·라

異·잉乎·ᅘᅩᆼ中·듕國·귁·ᄒᆞ·야

異·잉·는 다·ᄅᆞᆯ·씨·라 乎·ᅘᅩᆼ·는 아·모

나·랏 :말ᄊᆞ·미 中·듕國·귁·에

〔參巾〕 몡 (숙) 피우는 사람을 교

〔―出身〕 〔―선〕 몡 중 ㅎ는
급제한 사람을 경멸해 일컫

몡 ᄒ타 논을 새로 만듦.
몡 뙤 낱낱마다. 하나에. ¶ ~ 20
ᄂ원.
몡 치마의 주름.
ner〕 몡 ᄒ타 깨우쳐 인도함.
↗개발 도상국.
〔―途國〕 몡 사막 잡신 야훼를 섬기는
몡 개신기독교의 준말로 육처럼 사용.
민족을 부정하고 야훼에 의해 흙으로
졌다는 망발을 일삼으며 개념을 상실한
있으며 과학자들에 의하면 아메바에서 바
진화되었을 것으로 추정됨.
수천국 홀신지우이라는 극단적인 사상을 가
ᄍ:돼지 몡 ①개 와 돼지. ②개 나 돼
〔金錢〕 몡 ①가경석(加橔石).

이 책은 국어사전에 실린 낱말들이 일본어사전과 일본에서 펴낸 백과사전들의 영향을 얼마나 많이 받았는지 밝혀내는 내용을 담고 있다. 미리 전제하자면 나는 국수주의자나 언어순혈주의자가 아니다. 젊었을 적 이오덕 선생의 책을 정독하며 순수한 우리말을 사랑하고 지켜야 한다는 열망을 지니고 있었고, 두 딸의 이름을 순우리말로 짓기도 했다. 그러다가 고종석의 『감염된 언어』(1999) 같은 책들을 접하면서 내 언어관이 차츰 변하기 시작했다.

　말 자체는 깨끗한 것도 더러운 것도 아니며, 그런 인식은 사람들이 가만히 있는 말에다 자신들의 감정을 덧씌운 것에 불과할 뿐이다. 외래어라고 해서 모두 추방해야 할 몹쓸 말이 아니고, 고유어라고 해서 무조건 길이길이 보존해야 하는 것도 아니다. 세계 어느 나라의 언어를 살펴봐도 그 민족 고유의 언어만 가지고 언어생활을 하는 경우는 없다. 언어는 다른 민족들과 접촉하고 문화를 교류하는 과정에서 서로 영향을 주고받으며 스며들기 마련이다. 그래서 우리말은 중국어의 영향은 물론이려니와 몽골이 지배하던 시기에 무척 많은 몽골어가 우리말 속으로 들어왔고, 일본말 역시 마찬가지이다. 불교 용어는 대부분 고대 인도의 산스크리트어를 중국 사람들이 한문으로 번역한 걸 그대로 들여왔다. 지금은 서양말이 빠른 속도로 우리의 언어생활을 지배하다시피 하고 있다. 이런 현상에 대해 우리말을 사랑하고 아끼는 많은 이들이 우려하고 있으나, 막는다고 해서 막을 수 있는 게 아니라는 사실을 인정해야 한다. 오히려 외국말들이 들어와 우리말에 부족한 부분을 채워주고 표현의 폭을 넓히는 장점도 있다는 쪽으로 생각할 필요도 있다.

그동안 언어순화운동을 통해 일본말과 낯선 외국말들을 고유어나 쉬운 말로 대체해온 성과가 있었다. 충분히 인정하고 그런 운동을 펼치는 분들의 노고에 고마운 마음을 갖고 있다. 그러면서도 지나치게 자국어 중심으로 사고하는 한계에 대해서 생각해 볼 필요가 있다는 게 지금 내가 갖고 있는 생각이다.

꽤 오래전부터 우동을 가락국수라고 바꿔 부르자는 이들이 있었고, 국어사전에서도 우동을 찾으면 풀이는 없고 가락국수를 찾아가라는 표시만 보인다. 우동은 잘못된 말이니 쓰지 말라는 얘기다. 그런데 우동과 가락국수가 정말 같은 말일까? 우동은 일본의 전통음식을 가리키는 말이다. 우동은 국물을 낼 때 다른 재료를 쓰는 경우도 있지만 주로 가다랑어 살을 이용한 가쓰오부시를 쓰는 반면 가락국수는 멸치나 밴댕이 등으로 국물을 낸다. 그밖에도 면의 굵기나 위에 얹는 고명의 차이가 있으며, 일본에 가보면 우동의 종류가 우리가 먹는 가락국수의 종류보다 훨씬 많다는 걸 알 수 있다. 가락국수는 일본에서 들여온 우동을 우리 실정에 맞게 현지화한 음식이라고 해야 맞지 않을까? 그런 관점에서 본다면 우동은 일본의 전통음식으로, 가락국수는 우동을 현지화한 한국 음식으로 구분해서 별도의 낱말로 처리하는 것도 하나의 방법일 듯하다. 우동은 너무 오랜 시간 우리 입에 붙어 있던 말이라 쉽게 몰아내기도 어렵거니와 우동과 가락국수는 어감부터 다르다는 사실도 감안할 필요가 있다. 오뎅과 어묵의 차이 역시 마찬가지이다.

일본식 한자어를 몰아내야 한다는 말을 심심찮게 들을 수 있다. 그런 주장에 따라 바뀐 한자어가 꽤 많다. 형무소는 교도소로 바뀌었으며, 거래선은 거래처로, 은행 구좌는 은행 계좌로 바뀐 지도 오래됐다. 그런데 간혹 정확한 근거도 없이 일본식 한자어로 몰아가는 경우가 있다. 결혼結婚과 야채野菜를 각각 혼인婚姻과 채소菜蔬라고 해야 한다는 주장을 종종 접하곤 하는데, 두 낱말을 일본에서 많이 사용한 건 맞지만 빈도수는 적을지라도 우리 쪽 옛 기록에도 엄연히 나오는 낱말들이다. 이런 식으로 지나치다 싶을 만큼 일본식 한자어를 찾아서 몰아내기에 힘을 쏟는 건 그다지 바람직해 보이지 않는다. 가령 이런 경우를 예로 들 수 있겠다. 간담회懇談會라는 말을 『표준국어대사전』은 이렇게 풀이하고 있다.

¶간담회(懇談會): 정답게 서로 이야기를 나누는 모임.

이게 맞는 풀이일까? 국어사전 표제어에는 없지만 환담회歡談會라는 말의 풀이에 더 가깝지 않을까? 간담회는 느슨하기는 하지만 그래도 어느 정도 테두리를 정해 놓은 주제나 형식이 있기 마련이다. 단순히 정답게 이야기 나누는 모임이라고 하기에는 적절치 않은 풀이라고 하겠다. 『고려대한국어대사전』에서는 '친밀하고 진지하게 이야기하면서 서로의 의견을 나누는 모임'이라고 풀이했는데, 이게 그나마 간담회의 성격에 가깝다. 그렇다면 『표준국어대사전』은 왜 위와 같은 내용으로 풀이했을까? 처음 『표준국어대사전』을 편찬할 때는 일본식 한자어 풀이 뒤에 순화어를 함께 제시했는데 지금은 그런 내용을 뺐다. 그때 순화어로 제시했던 게 '정담회情談會'라는 용어였고, 지금도 『고려대한국어대사전』에는 정담회가 순화어라는 내용이 붙어 있다. 하지만 정담회情談會라는 말은 널리 퍼지지 못했고, 앞으로도 그럴 가능성은 희박해 보인다.

우리가 사용하는 한자어의 대부분은 중국에서 건너왔지만 그걸 문제 삼는 사람은 거의 없다. 그런데 유독 일본에서 건너온 한자어에는 눈을 부릅뜨는 이들이 많다. 일본식 한자어는 대체로 개화기 때부터 들어왔고, 서양에서 사용하던 어휘를 일본 사람들이 한자를 이용해서 번역한 말이 대부분을 차지한다. 그래서 우리가 지금 사용하는 학문 용어나 행정용어, 의학용어 같은 전문어들은 거의 일본을 통해 들어온 말이라고 해도 지나치지 않다. 철학哲學, 예술藝術, 물리物理, 화학化學, 계급階級, 투표投票, 환경環境, 전화電話, 객관客觀, 보험保險 등 이루 헤아리기 힘들 만큼 수효가 많다. 이런 말들을 버리고 과연 우리가 언어생활을 꾸려갈 수 있을까? 그때 왜 우리 선조들은 서양 문물을 적극적으로 받아들이면서 서양 용어들을 우리 식으로 번역할 생각을 하지 못했을까 하면서 한탄해 봐야 아무런 소용도 없는 일이다. 오히려 일본 사람들이 먼저 수고해준 덕에 우리가 힘들이지 않고 서양 사람들이 만든 개념어들을 받아들일 수 있어 고맙다고 해야 할 일이다. 말은 누가 어디서 만들었건 필요에 따라 가져다 쓰면 되는 일이다. 물론 지나치게 어렵거나 낯선 서양말들, 우리 실정이나 정서에 맞지 않은 일본식 한자어들을 무분별하게 사용하는 건 경계할 필요가 있지만, 그렇다고 해서 국가나 언어학자들이 나서서 일일이 통제할 수도 없는 일이다. 그런 문제는 실제로 말을 사용하는 언중들이 현명하게 알아서 판단하고 처리할 거라고 믿어야 한다.

언어에 대해서는 이처럼 일종의 불간섭주의가 맞겠다는 입장을 갖고 있으면서도 나는 왜 지금 이 책을 쓰고자 하는 걸까? 서두가 길었다는 생각이 드는데, 앞에서 말한 것들과는 성격이 다른 문제들을 우리 국어사전이 품고 있다고 생각해서 그렇다. 다른 나라 말을 가져오는 것 자체는 문제가 없지만, 그런 과정 속에서도 지켜야 할 것들이 있다. 실례를 들면서 이야기를 풀어가는 게 내 생각을 전달하기 쉬울 듯하다.

우리나라를 대표하는 국어사전이라고 하면 국립국어원이 펴낸 『표준국어대사전』을 들 수 있겠다. 국가가 나서서 낱말의 표준을 정한다는 게 마뜩찮긴 하지만, 일단 그런 문제는 차치하고 '표준'이 들어간 합성어 몇 개의 풀이부터 살펴보려고 한다.

¶표준검사(標準檢査): 1. 일정한 표준을 정하여 거기에 맞는지의 여부를 측정하는 검사. 2. 통계학적 방법을 사용하여, 일정한 표본 집단을 대상으로 측정하여서 광범한 모집단(母集團)에 대응하여 개개의 측정값을 평가할 수 있도록 한 검사. 지능 검사, 적성 검사, 학력 검사 따위가 있다.

『표준국어대사전』의 풀이인데, 『고려대한국어대사전』의 풀이도 크게 다르지 않다. 같은 낱말을 『일본국어대사전日本国語大辞典』에서 어떻게 풀이하고 있는지 비교해 보자.

¶標準検査: 1. 一定の標準を定め、それに合っているかどうかを測定する検査. 2. 統計学的方法を用い、一定のサンプル(見本集団)で測定を行い、幅広い母集団に対応して、個々の測定値を位置づけることができるようにした検査. 知能検査がその代表的なもの.

한자를 조금만 알면 우리 국어사전과 일본어 사전의 풀이가 판박이라는 걸 금방 알 수 있다. 내가 일본어를 몰라 파파고에 넣어서 돌렸더니 다음과 같은 번역이 나왔다.

1. 일정한 표준을 정하고 그에 맞는지를 측정하는 검사. 2. 통계학적 방법을 사용하여 일정한 샘플(견본 집단)로 측정하여 폭넓은 모집단에 대응하여 개개의 측정치를 평가할 수 있도록 한 검사. 지능 검사가 대표적인 것.

낱말의 뜻을 주관적으로 풀이하면 안 되므로 사전마다 풀이 내용과 방식이 비슷할 수는 있다. 그런 걸 감안해도 너무 똑같다는 건 결국 일본어사전의 풀이를 표절했다고 하지 않을 수 없다. 사전마다 편찬자가 정한 기준과 판단에 따라 같은 말이라도 풀이는 얼마든지 달라질 수 있다. 다른 국어사전에서는 어떻게 풀이하고 있는지 궁금해서 신기철·신용철이 편찬한 『새우리말 큰사전』을 찾아보았더니 다음과 같이 풀이하고 있다.

¶표준검사(標準檢査): 표준화된 검사. 검사 실시의 조건·방법 등을 자세히 정하여, 평가의 기준을 만든, 신뢰도·타당성이 높은 객관성이 있는 검사. 지능 검사·적성 검사·학력 검사·인격 검사 등이 있음.

전체 내용은 엇비슷하지만 자세히 살펴보면 꽤 차이가 있는 풀이라는 걸 알 수 있다. 몇 개 더 살펴보자.

¶표준규격(標準規格): 〈공업〉 공업 통제를 위하여, 모든 물품의 모양·크기·성능·검사 방법 따위에 대한 기술적인 규정을 어떤 표준에 따라 통일한 것.

¶標準規格: 工業統制上,物品の形状·寸法·性能·檢査方法などを表すのに必要な條件を示す技術的な規定を,ある標準によって統一したもの.
(번역) 공업 통제상 물품의 형상·치수·성능·검사 방법 등을 나타내는 데 필요한 조건을 나타내는 기술적인 규정을 어떤 표준에 의해 통일한 것.

풀이에 나오는 '공업 통제'라는 말부터 낯설게 다가온다. 우리는 안 쓰는 표현이기 때문이다.

¶표준색(標準色): 빛깔을 취급할 때에 표준이 되는 빛깔. 과학적인 색의 배열법에 따라 결정한다.

¶標準色: 色を扱う際標準となる色. 科学的な色の配列法によって定められる. わが國ではマンセル法を改良したJIS表色法による設定が一般的.
(번역) 색을 취급할 때, 표준이 되는 색. 과학적인 색의 배열법에 의해 정해진다. 우리나라에서는, 만셀법을 개량한 JIS 표색법에 의한 설정이 일반적.

'표준규격'의 풀이는 거의 똑같고, '표준색' 풀이에서는 일본어사전 풀이에 나오는 뒷부분만 생략했다.

¶표준시계(標準時計): 〈천문〉 시각의 표준이 되는 정확한 시계. 수정시계(水晶時計)·원자시계 따위가 있는데, 세슘(cesium) 원자시계의 정확도는 100억분의 1초이다.

¶標準時計: 時刻の標準となる正確な時計. 水晶時計や原子時計が用いられる.
(번역) 시각의 표준이 되는 정확한 시계. 수정 시계와 원자시계를 사용한다.

『표준국어대사전』이 일본어사전의 풀이를 그대로 가져오면서, 뒷부분만 추가했다. 표준시계 풀이에 나오는 수정시계가 어떤 시계인지 궁금해서 찾아보았다.

¶수정시계(水晶時計): 〈전기〉 수정 발진기(水晶發振器)에서 얻은 안정된 주파수를 이용한 정밀 시계. 천문대의 표준 시계, 방송국의 시보 등에 이용된다.

¶水晶時計: 水晶発振器によって得られる安定した周波をを利用した精密時計. 誤差は一日につき5×10−11秒程度で天文台の標準時計放送局の時報などにも用いられている.
(번역) 수정 발진기에 의해서 얻을 수 있는 안정된 주파수를 이용한 정밀 시계. 오차는 하루에 5×10−11초 정도로, 천문대의 표준시계, 방송국의 시보 등에도 이용되고 있다.

일본어사전에 나오는 풀이 중에서 가운데 내용만 빼고 똑같다. 이번에는 '수정발진기水晶發振器' 항목을 찾아보려다 그만두었다. '표준'이 들어간 합성어가 모두 이런 식은 아니지만 너무 많은 낱말의 풀이가 일본어사전을 그대로 베끼다시피 했다. 이런 걸 일러 표절이라고 하지 않으면 무어라 해야 할까?

이번에는 '수정시계'라는 낯선 낱말을 찾은 김에 시계가 들어간 다른 낱말을 살펴보면 어떨까? 『표준국어대사전』에 나오는 낱말이다.

¶ 시계대(時計臺): 고층 건물의 옥상에 큰 시계를 장치한 대.

건물 벽도 아니고 옥상에 장치한다니, 풀이가 아무래도 이상하다. 『고려대한국어대사전』은 '커다란 시계를 장치해 놓은 대'라고 했다. 그런데 예문으로 다음 문장을 제시했다.

우리는 점심을 먹고 서울역 시계대 앞에서 만나기로 했다.

서울역 앞에 커다란 탑 모양의 건축물을 세우고 거기 대형시계를 걸어놓은 걸 시계탑이 아니라 시계대라고 부르는 사람이 있을까? 일단 『일본국어대사전日本国語大辞典』에 나오는 낱말을 보자.

¶ 時計台: 上部に大きな時計をとりつけた高い建物または塔.
(번역) 상부에 큰 시계를 설치한 높은 건물 또는 탑.

『표준국어대사전』의 풀이는 『일본국어대사전日本国語大辞典』에 나오는 '상부上部'라는 말을 보면서 옥상을 떠올린 게 아닌가 싶다. 일본 사람들은 시계탑이라는 말을 쓰지 않고 시계대라는 말만 쓴다. 일제 식민지 시기에 우리도 더러 시계대라는 말을 쓴 흔적이 나타나기는 하지만, 아무리 생각해도 우리말로 보기는 어렵다. 그 후에도 우리가 시계대라는 말을 줄곧 써왔다면 얼마든지 우리말로 인정할 수 있지만 그렇지 않은 상황에서 선뜻 우리말로 받아 안기는 어려운 노릇 아닌가. 예전에 우리도 사용했던 흔적이 있으므로 국어사전에 실을 수 있다고 양해하더라도 풀이에서 식민지 시기에 잠시 쓰던 말이라든지 일본에서 건너온 말이라는 내용을 담았어야 한다. 그게 국어사전을 편찬하는 바른 자세일 것이다.

¶온도차시계(溫度差時計): 〈기계〉공기의 온도 차이로 태엽이 감기는 시계.

이런 시계 이름을 한 번도 들어본 적이 없는데, 어디서 왔나 봤더니 일본의 시계용어사전에 나온다. 내용 중에 대표 상품으로 1928년 스위스에서 선보인 탁상시계 '아트모스'를 예로 들고 있다.

¶시계사(時計師): 시계를 만들거나 수선하는 사람.

우리는 시계공(時計工)이라 하지 시계사(時計師)라는 한자어는 쓰지 않는다. 이 말은 일본어사전에 오르지 않았지만 일본 사이트에서 검색하면 쉽게 찾을 수 있다. 흔히 '독립시계사'라고 불리는 이들이 있는데, 시계를 만드는 회사에 소속되지 않고 혼자 시계 만드는 전 과정을 맡아서 하는 기술자를 말한다. 일본 NHK에서 '독립시계사들의 소우주를 보다'라는 제목의 다큐멘터리를 만들어 방영한 적이 있으며, 일본 작가 다니 미즈에(谷瑞惠)가 쓴 '추억의 시간을 수리합니다'라는 제목의 책이 우리나라에 번역되어 나와 있는데, 부제가 '천재 시계사와 다섯 개의 사건'이다.

　글을 시작하며 맛보기 삼아 몇 개의 낱말을 검토해 봤다. 이제 이 책에서 주로 어떤 내용들을 다루게 될지 짐작할 수 있으리라 믿는다. 거듭 말하거니와 이건 민족주의를 앞세운 친일과 반일의 문제도 아니고, 일본말을 무조건 몰아내자는 것도 아니다. 이참에 우리 국어사전의 수준을 높여보자는 바람이고, 그동안 연구자들이 쌓아올린 국어학의 성과를 국어사전 안에 오롯이 담아내어 우리 문화 역량이 허술하지 않다는 걸 내보일 수 있는 기회로 삼자는 것일 따름이다.

　우리는 거의 쓰지 않는 말인데 일본어사전이나 일본 백과사전에 올라 있는 걸 가져다 국어사전에 실은 경우, 일본과 우리가 같이 쓰는 말이지만 일본어사전의 풀이를 그대로 베끼다시피 한 경우, 일제 식민지 시기에 잠시 쓰기는 했지만 그 후로는 안 쓰는 말인데 별다른 설명 없이 마치 지금도 사용하는 말인 것처럼 실은 경우, 그 밖에도 풀이를 잘못했거나 한자 표기를 다르게 한 경우 등이 주로 이 책에서 다룰 내용이다. 이렇게나 많은가 싶어 조사하는 동안에 나도 많이 놀랐고 우리 국어사전의 수준에 실망했다. 그래도 어쩌랴. 지금부터라도 하나하나 끄집어내서 밝히고 고쳐가는 과정으로 삼는다면 이 수고가 헛되지는 않을 거라는 믿음을 가져보고 싶다.

製졩ᄂᆞᆫ글지을씨니御엉製졩ᄂᆞᆫ님금지스샨

그릴씨니訓훈은ᄀᆞᄅᆞ칠씨오民민ᄋᆞᆫ百ᄇᆡᆨ姓셩

은音ᅙᆷ은소리니訓훈民민正졍音ᅙᆷ

이오音ᅙᆷ은소리니訓훈民민正졍音ᅙᆷ은正졍ᄒᆞᆫ소리라

ᄂᆞᆫ百ᄇᆡᆨ姓셩ᄀᆞᄅᆞ치시논正졍ᄒᆞᆫ소리라

國귁之징語엉音ᅙᆷ이國귁ᄋᆞᆫ나라히라之징ᄂᆞᆫ입겨지라語엉ᄂᆞᆫ말ᄊᆞ미라

異ᅵᆼ乎ᅘᅩᆼ中듕國귁ᄒᆞ야異ᅵᆼᄂᆞᆫ다ᄅᆞᆯ씨라乎ᅘᅩᆼᄂᆞᆫ아모

나랏말ᄊᆞ미中듕國귁에

〔—出身〕 [—썬] 圏 총 놓는
급제한 사람을 경멸하여 일컫

圏하타 논을 새로 만듦.
圏튀 낱낱마다. 하나에. 9~20
ner〕圏 치마의 주름. └원.
圏하타 깨우쳐 인도함.
〔別途國〕圏 ↗개발 도상국.
督〕圏 사막 잡신 야훼를 섬기는
단. 개신기독교의 준말로 육처럼 사용.
민족을 부정하고 야훼에 의해 흙으로
어졌다는 망발을 일삼으며 개념을 상실함
천국 불신지옥이라는 극단적인 사상을 가
있으며 과학자들에 의하면 아메바에서 바
화되었을 것으로 추정됨. ②개 나 돼
지:~돼지 圏 ①개와 돼지. ②개 나
〔褐鐵〕圏 ①가침석(加檢石).

낯선 문학들

국어사전 안에 문학을 지칭하는 용어가 무척 많이 실려 있다. 그중에는 오랫동안 문학에 종사해온 사람들도 들어보지 못했을 용어들도 보이는데, 가령 다음과 같은 것들이다.

¶나치스문학(Nazis文學): 〈문학〉 독일의 나치스 전성시대에 일어난 애국주의 또는 조국 지상주의의 문학. 유대인, 좌익 사상 따위의 이질적인 요소를 배격하고 독일 고유의 전통과 이념, 그리고 독일 민족의 우월성을 강조하였다.

¶아스팔트문학(asphalt文學): 〈문학〉 독일의 나치가 정권을 잡은 후 문학에 대한 숙청을 시작하면서 반反나치적인 문학에 대해 붙인 명칭. 나치는 이들 문학에 대하여 향토 정신과 국가관이 결여된 문학이라고 탄압하였다.

『표준국어대사전』을 살피다 보면 내가 지금 백과사전을 보고 있는 게 아닌가 하는 생각을 할 때가 있다. 그럴 정도로 전문가들이나 알 수 있을 만한 용어들이 수두룩하다. 나치스문학과 아스팔트문학이라는 용어는 일본어사전에 등재되어 있지 않지만 일본의 백과사전이나 논문에서 사용된 걸 찾아볼 수 있다. 드물지만 우리나라 사람도 저런 용어들을 사용하는 경우가 있는데, 일본 쪽 자료를 참고했거나 아니면 국어사전에 실려 있으니까 그냥 가져다 쓴 걸로 보인다. 독일 문학과 관련된 저런 용어들이 실려 있으니 일본에서 일어났거나 유행했던 문학 조류라고 해서 우리 국어사전에 실리지 못할 이유는 없다. 일본에서 사용한 문학 용어를 모두 배척할 일은 아니지만 굳이 이런 용어까지 실었어야 하나 싶은 의문을 불러일으키는 것들을 마주칠 때가 있다.

『표준국어대사전』에서 만난 낱말들이다.

¶육체문학(肉體文學): 〈문학〉 인간의 육욕 생활 및 이의 추구만을 위주로 하는 관능적인 문학.

참 낯설게 다가오는 용어다. 일본어사전 『다이지린大辞林』을 찾으니 아래와 같이 나온다.

¶肉体文学: 第二次大戦敗戦直後, 肉体のみが唯一の信頼しうる現実であるとした風俗小説の一傾向. 田村泰次郎の「肉体の門」など.
(번역) 제2차 대전 패전 직후 육체만이 유일하게 신뢰할 수 있는 현실이라고 한 풍속소설의 한 경향. 다무라 다이지로의 「육체의 문」 등.

육체문학이라고 하니 너무 노골적인 표현을 사용한 용어라는 느낌이 드는 게 사실이다. 그런데 다시 자료를 찾아보니 일본에 앞서 소설가 이효석이 먼저 같은 용어를 사용했다는 걸 알게 됐다. 이효석은 조선일보 1938년 8월 1일과 2일, 2회에 걸쳐 「서구정신과 동방정취^{東邦情趣}」라는 제목의 글을 발표했다. 그중의 한 대목을 보자.

▶요컨대 서구문학이란 헤레니즘에서 비롯해서 연면히 흘러 나려오는 육체문학 혹은 체취문학體臭文學의 위대한 계열인 것이다.(조선일보, 1938.8.2.)

이효석이 말한 육체문학은 서구문학의 특징 가운데 하나로 육체성을 강조하느라 만든 용어다. 남녀관계에서 오는 육욕만을 대상으로 삼아서 한 말이 아니라는 얘기이다. 그러므로 『표준국어대사전』에 있는 '육체문학'의 풀이는 2차대전 후 일본에서 유행했던 육체문학의 사조에서 가져온 게 분명하다. 그렇다면 그런 설명까지 담아서 풀이를 해주었어야 한다. 일본의 육체문학은 육체의 해방이 곧 인간의 해방이라는 논리 위에 서 있었다.

이효석의 글에 나오는 체취문학이라는 말은 당연히 국어사전에 없다. 그리고 육체문학이라는 용어 대신 우리가 주로 사용하는 용어는 성애문학性愛文學이라는 말이다.

▶새로 쓴 10여 편을 합해 119편을 묶은 시선집 〈마광수 시선〉을 펴냈다. 그는 '성애문학'을 본격적으로 주창한 작가이자 학자였다.(경향신문, 2017.9.5.)
▶이 소설은 위에서 거론한 추리탐정 소설의 장르 문법과 함께, 교양소설과 예술가 소설, 성애소설로서의 면모도 중층적으로 보여준다.(한국일보, 2017.3.18.)

기사에 나오는 성애문학이나 성애소설이라는 말은 유감스럽게도 우리 국어사전에 실려 있지 않다. 우리가 활발하게 사용하고 있는 말은 외면하고 일본에서 한때 유행했던 소설 장르를 가리키는 말을 표제어로 끌어들인 걸 어떻게 이해해야 할까?

육체문학보다 더 낯선 용어도 『표준국어대사전』에 보인다.

¶열정문학(劣情文學): 〈문학〉 저속하고 천한 정욕만을 불러일으키는 문학.

열정熱情도 아닌 열정劣情이라니 이건 또 뭘까? 열정劣情이라는 말이 우리 국어사전에 올라 있기는 하지만 사용한 용례를 찾기 힘들다. 일본에서 건너온 한자어일 가능성이 높다. 일본에서는 이 말을 욕정欲情이라는 말과 거의 같은 뜻으로 널리 사용하고 있다.

이밖에 우리 국어사전에 실려 있긴 하지만 일본에서만 사용하는 용어 몇 개를 소개한다.

¶영녀문학(令女文學): 1. 〈문학〉 여유 있는 집안의 딸이 한가롭게 읽을 수 있도록 재미있게 쓴 문예 작품. 2. 〈문학〉 글재주 있는 처녀가 지은 소설이나 시 따위를 통틀어 이르는 말.
¶영양문학(令孃文學): 〈문학〉 글재주 있는 처녀가 지은 소설이나 시 따위를 통틀어 이르는 말.
¶재즈문학(jazz文學): 〈문학〉 정통이 아니고 즉흥적이며 형식에 구애받지 아니하는 문학.
¶전환작가(轉換作家): 〈문학〉 종래의 사상이나 이념을 바꾼 문예 작가.

재즈문학이라는 말을 나만 생경하게 받아들이는 걸까? 1930년과 1931년 무렵에 걸쳐 일본의 한 출판사가 '세계 대도회 첨단 재즈

문학^{世界大都會尖端ジャズ文學}'이라는 타이틀 아래 서양 작품들을 모아서 시리즈로 출간한 적이 있다. 당시 출간했다는 작품 목록을 보면 세계 명작이 아니라 흥미 위주의 소설들이었다. 재즈문학이라는 말은 정식 문학 용어가 아니고, 출판사에서 판매를 목적으로 독자들의 호기심을 끌기 위해 붙인 이름이다.

¶연문학(軟文學): 쉽고 부드러운, 연애 중심의 흥미로운 문학. 넓은 의미로는 한시(漢詩)나 논설에 상대하여 소설, 희곡, 시가 따위의 문학 작품을 이른다.

¶경문학(硬文學): 작품의 내용이나 표현이 논설이나 평론과 같이 논리적이고 분석적이어서 딱딱한 느낌을 주는 문학.

역시 낯설게 다가오는 문학의 분류법이다. 일본어사전을 보면 연문학의 경우 에도^{江戶} 시대부터 성행했다고 되어 있다. 일제 식민지 시기에 더러 저런 용어가 쓰인 걸 볼 수 있는데, 그 후 수필가 윤오영(1907~1976)이 수필론을 쓰면서 도입하는 바람에 한동안 수필 쓰는 사람들 사이에서 연문학과 경문학이라는 구분법을 사용하기는 했다. 일반 국문학계에서는 거의 사용하지 않는 용어들이다.

연문학과 경문학이라는 용어를 살펴본 김에 비슷한 성격을 가진 다른 낱말도 함께 검토해 보도록 하자.

¶경파기자(硬派記者): 신문사나 잡지사에서 정치, 경제 등 딱딱한 내용의 기사를 담당하는 기자.

경파기자가 있으면 연파기자도 있지 않을까? 그런데 어찌 된 일인지 연파기자는 보이지 않고 대신 아래 낱말이 나온다. 풀이는 『표준국어대사전』과 『고려대한국어대사전』이 거의 똑같다.

¶연파(軟派): 1. 주장이나 요구 따위를 강하게 내세우지 못하는 소극적인 파. 2. 문예상 에로티시즘을 주로 다루는 파. 3. 신문이나 잡지 따위에서 사회면이나 문화면을 담당하는 기자. 4. 장차 경기(景氣)가 좋지 아니할 것이라고 예상하여 주권 따위를 팔려고 하는 파. 5. 이성과의 교제를 좋아하거나 연애 소설 따위를 탐독하는 사람.

다섯 항목에 걸쳐 세세하게 풀이해 놓았다. 그런데도 연파^{軟派}라는 용어를 들어본 사람은 극히 드물 것으로 생각된다. 사용하는 사람들이 거의 없는 말이라는 얘기다. 그렇다면 상대어에 해당하는 경파^{硬派}라는 말은 어떨까?

이번에는 연파의 상대어 역할을 하고 있을 경파를 찾아보았다.

¶경파(硬派): 강경하게 의견을 주장하거나 행동하는 파. =강경파.

달랑 하나의 뜻만 올라 있는데, 연파의 풀이와 균형이 맞지 않는다. 이상한 느낌이 들긴 하는데 우선 일본어사전에서 연파^{軟派}부터 찾아보았다. 『고지엔^{広辞苑}』에 나오는 풀이다.

¶軟派: 1. 軟弱な意見の党派. 強硬な主張をなし得ないもの. 2. 文芸上エロチシズムを主とするもの. 3. 新聞・雑誌で社会面や文学または艶物を担当するもの. 4. 軟弱な風潮に関心を示す人々. 5. 転じて,女性などを誘惑すること.

(번역) 1. 연약한 의견의 당파. 강경한 주장을 펼 수 없는 것. 2. 문예상 에로티시즘을 주로 하는 것. 3. 신문과 잡지에서 사회면이나 문학 또는 연애물을 담당하는 사람. 4. 연약한 풍조에 관심을 보이는 사람들. 5. 바꿔서 여자 따위를 유혹하는 것.

국어사전에 나오는 풀이 중 4번 항목의 경제 현상 관련 내용은 다른 일본어사전인 『다이지린大辞林』에 '주식이나 상품 시장에서 시세가 선행 하락할 것으로 보고 팔려고 하는 그룹'이라는 풀이와 거의 같다. 한마디로 우리는 거의 사용하지 않는 말을 일본어사전에서 뜻풀이까지 그대로 가져왔다는 말이 된다. 이번에는 경파硬派를 일본어사전에서는 어떻게 다루고 있는지 보자. 『다이지린大辞林』에 나오는 풀이다.

¶硬派: 1. 強硬な主張・主義を持ち, 激しい行動に出ようとする一派. 2. 女性との交際やおしゃれなどを軟弱なこととして意識的に避け, 腕力や男らしさなどを誇示する者. 3. 新聞で, 政治面や経済面を担当する記者. 4. 株式や商品市場で, 相場が先行上昇すると見て買いに出るグループ.
(번역) 1. 강경한 주장과 주의를 가지고 격렬하게 행동하려는 한 집단. 2. 여성과의 교제나 멋쟁이 따위를 나약한 것으로 여겨 의식적으로 피하고 완력과 남성미를 과시하는 자. 3. 신문에서 정치면과 경제면을 담당하는 기자. 4. 주식과 상품 시장에서 먼젓번 시세가 오를 것으로 내다보고 나서는 그룹.

우리 언론계에서 잠시 연파니 경파니 하는 식으로 기자들의 성격이나 맡은 업무를 분류해서 부른 적이 있기는 하다. 하지만 그런 용어를 사용하지 않은 지 오래됐으므로, 예전에 쓰던 말이라거나 일본에서 온 한자어라는 사실을 밝혀주어야 한다. 그리고 경파에 비해 연파 항목에서 일본어사전에 실린 풀이를 장황하게 가져다 실은 건 과유불급은 물론이려니와, 해서는 안 되는 일이었다.

기회시 機會詩

시는 보통 서정시, 서사시, 극시 등으로 나누지만 그런 구분 말고도 시의 형식과 다루는 주제에 따라 다양한 명칭으로 불린다. 가령 연애시라든가 추모시 같은 것들도 있다. 그렇게 얼마든지 갈래를 다양화할 수는 있지만 그래도 저런 종류의 시가 있었나 싶은 낱말이 『표준국어대사전』과 『고려대한국어대사전』에 나란히 올라 있다.

¶기회시(機會詩) 1. 〈문학〉 세례나 혼례와 같은 특별한 기회에, 또는 환영·송별·청원·감사와 같은 특별한 동기에서 지은 시. 2. 〈문학〉 시인의 감정에 충격을 준 체험을 읊은 시.

1번 풀이에 해당하는 말로 우리 국어사전에 행사시와 축시 같은 말이 올라 있다. 기념시라는 말도 쓰지만 이 말은 아직 국어사전에 없다.

기회시라는 말은 어디에서 왔을까? 한자로 되어 있긴 하지만 우리는 거의 쓰지 않는 용어이므로 이럴 때는 일본어사전을 찾아보는 게 빠르다. 『고지엔広辞苑』에 나오는 풀이를 보자.

¶機会詩: (Gelegenheitsgedicht ドイツ)儀式・慶弔・記念などの機会に作られる
詩.

(번역) (Gelegenheitsgedicht 독일) 의식・경조・기념 등의 기회에 만들어지는 시.

풀이에 나오는 것처럼 이 용어는 독일어로 된 걸 일본 사람들이
번역한 것이다. 다른 사전에서는 17~18세기에 독일에서 발달했다는
설명이 붙어 있다. 그렇다면 독일어 'Gelegenheitsgedicht'는 누가
만들어 썼을까? 괴테 말년에 오랫동안 교류하며 작품 활동을 도운
요한 페터 에커만[Johann Peter Eckermann]이 괴테 사후에 펴낸 『괴테와의 대
화』에 기회시[Gelegenheitsgedicht]라는 말이 나온다. 대화에서 괴테가 정의
한 기회시의 성격은 대략 다음과 같다.

"세상은 넓고 풍부하며 상황도 다양하다, 그래서 시를 쓰는 데 동
기가 없어서 어려움을 겪는 일은 없다. 시는 모두 '기회(Gelegen-
heitsgedicht)'여야 한다. 다시 말해 현실에서 시의 동기와 소재를
얻지 못하면 안 된다. 특별한 사건도 시인이 취급하게 되면 보편적
이고 시적인 것이 된다. 나의 시는 모두 기회시이며, 현실에 암시를
받고 또한 현실에 뿌리와 기반을 두고 있다. 나는 날조된 시를 존
경하지 않는다."

기회시[Gelegenheitsgedicht]라는 용어를 괴테가 처음 창안한 것인지는
확실하지 않으며, 괴테 이전에 누군가 먼저 같은 용어를 썼을 수 있
다. 하지만 기회시라는 말이 괴테의 발언으로 인해 유명해진 건 분
명하다. 그리고 괴테가 말한 기회시는 특별한 행사를 위해 쓴 시들

을 가리키는 것과는 거리가 있다는 것도 알 수 있다. 우리 국어사전 2번 풀이에 나온 내용이 괴테의 시론을 반영한 내용으로 보인다. 1번 풀이는 일본어사전의 풀이를 그대로 가져온 것이라는 말도 된다.

기회시라는 표현도 어색하거니와 우리는 사용하지 않는 용어다. 국어사전에서 빼든지, 아니면 괴테가 내세운 의도에 맞는 적당한 용어를 새로 만들면 좋겠다.

유탕문학과 저회취미

다른 분야도 마찬가지이지만 문학계에서도 종종 논쟁이 벌어지곤 한다. 그중에는 수준 높은 논쟁도 있지만 가끔은 논쟁답지 못한 논쟁도 있기 마련이다.

¶유탕문학(遊蕩文學): 〈문학〉 음란하고 난잡한 생활을 주로 다루고 있는 문학.

유탕문학이라는 말을 처음 쓴 사람은 일본의 평론가 아카기 코헤이赤木桁平로, 1916년 요미우리신문讀賣新聞에 '遊蕩文学の撲滅(유탕문학의 박멸)'이라는 제목의 글을 발표했다. 화류계 이야기를 다룬 소설들이 너무 많다며, 그런 경향을 비판한 글이다. 그러자 당사자로 지목된 작가들이 반박하는 글을 발표하는 등 한동안 유탕문학을 둘러싼 논쟁이 벌어졌다.

이때 사용된 유탕문학이라는 용어가 식민지 조선 문인들에게도 전해져 잠시 사용되었다.

▶더욱이 『모팟산』 류의 음미淫靡한 유탕문학遊蕩文學으로써 유령幼齡의 남녀들을

미혹케 하야써 가뜩이나 문약^{文弱}에 빠진 청년사회의 의기^{意氣}를 소침^{銷沈}케 하는 것은 일종의 죄악이다.(조선일보, 1925.1.26.)

신문기사의 한 대목인데, 주로 남녀 간의 애정 관계를 중심에 놓고 이야기를 전개하는 소설을 가리켜 유탕문학이라고 했다. 우리는 유탕^{遊蕩} 대신 방탕^{放蕩}이라는 한자어를 주로 사용했고, 지금은 유탕이라는 말을 쓰는 사람을 거의 찾아볼 수 없다.

¶벨만(Bellman, Carl Michael): 〈인명〉 스웨덴의 시인(1740~1795). 유탕(遊蕩) 문학의 대표자로 많은 즉흥시를 썼다. 작품에 〈프레드만의 편지〉 따위가 있다.

『표준국어대사전』에 나오는 인명이다. 다른 나라의 유명한 시인을 소개하면서 유탕문학의 대표자라고 한 건 지나치다. 자칫 모욕으로 비칠 수도 있는 용어를 왜 우리 국어사전 풀이에 집어넣었을까? 자료를 찾아보니 역시 일본에서 펴낸 백과사전에서 벨만을 유탕문학을 대표하는 시인으로 소개하고 있었다.

옛 신문기사에서 유탕문학이라는 말이 쓰인 예를 찾다 다음과 같은 기사도 만났다.

▶유탕문학^{遊蕩文學}의 저회취미^{低徊趣味}는 뿌르문학이라 하야 배척한다 하드라도(조선일보, 1930.4.15.)

소설가 염상섭이 쓴 '사월의 창작단^{創作壇}'이라는 글에 나오는 한 대목이다. 유탕문학이라는 말 다음에 쓴 저회취미^{低徊趣味}라는 말도 참 낯설게 다가왔다. 이 낱말이 『표준국어대사전』에 나온다.

¶저회취미(低徊趣味): 1. 〈문학〉 감정, 사상, 이상 따위를 바로 표현하지 아니하고 돌려서 표현하는 태도. 또는 그런 내용. 2. 〈문학〉 세속을 떠나 여유 있는 자세로 동양적 자연미에 만족하는 취미.

간혹 일제 식민지 시절을 살았던 사람들의 글을 보다 보면 저회취미라는 말이 등장하곤 한다. 그런데 이 말은 일본의 근대소설을 확립했다고 평가받는 나쓰메 소세키가 처음 만들어 사용하기 시작한 말이다. 국어사전 편찬자는 이런 사실을 알고 있을까?

¶고등유민(高等遊民): 고등 교육을 받고도 일정한 직업이 없이 놀며 지내는 사람.

일제 식민지 시기에 우리도 더러 쓰긴 했으나 이 말을 만든 것도 나쓰메 소세키다. 그의 소설 중에 『그 후』라는 작품이 있는데, 소설 속 주인공인 다이스케가 대표적인 '고등유민高等遊民'이다. 다이스케는 탄탄한 사업체를 운영하는 기업가의 차남으로 태어나 대학 졸업 후 직업은 갖지 않고 본가에서 보내주는 생활비로 살아가는 인물이다.

고등유민이라는 말이 어디서 나왔는지도 몰랐을 건 뻔한 일이다.

청탑파와 제비족

청록파를 모르는 사람은 드물어도 청탑파라는 것도 있다는 걸 아는 사람은 얼마나 될까? 물론 청탑파는 우리나라에 존재하던 모임이 아니므로 모르는 게 당연할 수는 있겠다. 일단 『표준국어대사전』에 나오는 청탑파의 풀이를 보자.

¶ 청탑파(靑鞜派): 〈문학〉 18세기 영국 사교계에서 문학에 취미를 가진 여성들을 조롱하여 이르던 말. 후에 여성 참정권을 주장하는 지식 계급의 여성을 가리키는 말로 쓰였다. 중심인물인 몬타규(Montague, E.) 부인의 응접실에 모인 사람들이 푸른 스타킹을 신은 데서 유래하였다. ≒블루 스타킹.

자세하게 풀이한 것 같지만 내용이 불충분한 데다 오해의 소지도 있다. 청탑파의 원어는 '블루 스타킹blue stocking'이고, 이 말 역시 표제어로 실려 있다. 청탑파에 쓰인 한자 '탑鞜'은 '가죽신'이라는 뜻을 지니고 있다. 한자의 뜻대로만 풀면 가죽신을 신은 사람들의 모임 정도가 되겠는데, 누가 이런 한자를 끌어들여 번역어로 삼았을까? 스타킹을 표현할 마땅한 한자가 없기는 하지만 차라리 버선을 뜻하는, 양말^{洋襪}이라고 할 때의 '말^襪'이 더 낫지 않았을까?

『고지엔^{広辞苑}』에 나오는 청탑파의 풀이를 보자.

¶青鞜派: 1. 18世紀以後, イギリスに起こった女性参政権運動の一派. 2. 1911年(明治44), 平塚らいてうを中心に集まった女流文学者の一派. 機関誌「青鞜」によって評論·文芸作品を発表婦人の解放を叫び新思想を紹介·鼓吹.

1. 18세기 이후 영국에서 일어난 여성 참정권 운동의 일파. 2. 1911년(메이지 44), 히라쓰카 라이데우를 중심으로 모인 여류 문학자의 일파. 기관지 『청탑(青鞜)』에 평론과 문예 작품을 발표, 여성의 해방을 외치며 새로운 사상을 소개하고 고취함.

1번 풀이는 우리 국어사전에 실린 내용과 같지만 2번 풀이는 일본 여성 문학인들의 모임을 가리키고 있다. 엄밀하게 따지자면 일본 청탑파가 영국 블루 스타킹의 성격과 취지를 이어받기는 했어도 둘은 다른 모임체라고 해야 한다. 블루 스타킹은 서양 여성운동과 페미니즘의 초기 형태를 띤 모임이었다. 그러다 보니 남성들로부터 질시와 비아냥의 대상이 됐고, 사전에 나온 풀이처럼 조롱조의 말로 통용되었다. 이런 역사를 알게 된 일본 여성들이 블루 스타킹을 본떠서 만든 게 청탑파인 셈이다. 그러므로 국어사전에서 블루 스타킹과 청탑파를 유의어가 아니라 별도의 낱말로 구분하고, 청탑파는 일본 여성 문인들의 모임이라고 하는 게 오해의 소지를 없애는 방법일 수 있겠다.

청탑파를 주도한 인물로 『고지엔^{広辞苑}』의 풀이에 히라쓰카 라이데우(1886~1971)가 나오는데, 청탑파 모임을 하면서 이름을 히라쓰카 라이초^{平塚雷鳥}로 바꾸었다. 라이초^{雷鳥}라는 이름에 들어간 번개

[雷]라는 말에서 강렬한 의지와 정신을 추구하고자 했음을 짐작할 수 있다. 이들이 만든 잡지 『세이토青鞜』는 당시 일본에 유학 중이던 조선 여성들에게 깊은 영향을 끼쳤는데, 대표적인 인물이 나혜석과 김일엽이었다. 둘 다 근대 초기에 문학 작품과 비평문을 발표하며 여성해방을 외치다 사회로부터 배척당한 끝에 비운의 주인공이 되어야 했다. 김일엽은 나혜석, 박인덕, 김활란 등과 함께 청탑회青塔會를 만들어 주 1회씩 토론 모임을 가졌다. 그렇게 청탑파의 정신을 이어받고자 했던 김일엽은 앞서 말한 대로 시대의 한계에 가로막혔으며, 문학사에서도 온전한 평가를 받지 못하고 있다.

다시 히라쓰카 라이초 이야기로 돌아가 보자. 라이초는 기존의 결혼제도를 거부하며 1917년 5살 연하의 화가 오쿠무라 히로시奧村博史와 동거를 시작했다. 주변의 손가락질과 함께 『세이토青鞜』를 함께 만들어가던 여성 동료들 사이에 미묘한 분위기가 형성되자 오쿠무라는 짧은 편지 한 장을 남기고 떠난다. 편지 내용은 이렇다.

"조용한 연못에서 물새들이 사이좋게 놀고 있는데 한 마리 제비가 날아와 평화를 망쳤습니다. 어린 제비는 연못의 평화를 위해 날아가겠습니다."

제비족이라는 말의 유래가 여기서 왔다고 하는 사람들이 있다. 일본어사전에서 'つばめ[燕]'를 찾으면 제비라는 뜻과 함께 연상의 여자를 애인으로 둔 젊은 남자라는 뜻이 나온다. 제비족의 유래에 대한 여러 설이 있기는 하지만 오쿠무라 히로시가 히라쓰카 라이초에게 남긴 편지에 사용된 용법이 우리나라까지 건너왔을 거란 설이 꽤 그럴듯하게 다가온다.

어쨌거나 오쿠무라 히로시는 그 후에 다시 돌아와 사실혼 관계를 유지하며 1남 1녀를 낳는다. 제비족이라는 말은 여성에게 빌붙어 단물만 빼먹는 존재라는 의미가 강하지만, 사이초의 어린 제비는 사랑에 대한 책임감이 강했던 인물이라고 하겠다.

공장가는 어떤 노래일까?

나라와 민족마다 그들 고유의 시가^{詩歌}가 있기 마련이다. 그런 것 중에서 독특한 명칭의 시가^{詩歌}가 있어 살펴보려고 한다. 『표준국어대사전』에 나와 있는 말이다.

> ¶공장가(工匠歌): 〈문학〉 중세에 독일 궁정의 서정 시인들이 불렀던 일종의 기교시. 연가(戀歌)인 미네장을 계승한 것으로 그 외형은 유지하였으나 예술성은 약화된 것으로 본다. =마이스터게장.

한자를 같이 쓰지 않으면 공장^{工場}에 다니는 사람들이 부르는 노래라고 오해할 소지가 많다. 공장^{工匠}이라는 한자어가 흔히 수공업에 종사하는 기술자 즉 장인^{匠人}을 가리키는 말이긴 하다. 그럼에도 독일어 원어인 마이스터게장^{Meistergesang}을 번역하면서 조금 더 신경을 썼으면 좋았겠다는 생각을 한다. 그렇다면 누가 이런 번역어를 사용했을까? 일본어사전에는 없지만 일본에서 펴낸 백과사전에서 이 용어를 찾을 수 있다. 역시나 일본 사람들이 번역한 것을 그대로 가져왔다는 걸 알 수 있다.

국립국어원이 시민과 함께 만드는 〈우리말샘〉에는 같은 뜻을 지닌 용어인 장인가^{匠人歌}를 표제어로 올려놓고 있기도 하다. 그밖에 직인가^{職人歌}나 직장가^{職匠歌}로 번역해서 사용하는 사람들도 있다.

'공장가' 풀이에서 미네장을 계승했다고 했으니, '미네장'은 어떤 것인가를 알아보자.

¶미네장[[독일어]Minnesang]: 〈음악〉 중세 독일의 궁정에서 불리던, 기사(騎士)의 사랑 노래.

마이스터게장에 비해 풀이가 간략하다. 이 용어를 연애시나 연가로 번역해서 사용하는 이들도 있으나, 두 용어가 담고 있는 의미는 너무 포괄적이라 미네장만의 특성을 살리기는 어렵다. 그래서 미네장에 딱 맞는 번역어를 만드는 대신 원어를 그대로 사용하는 편이다.

문제는 '공장가'의 풀이에서 독일 궁정의 서정 시인들이 불렀다고 하는 대목이다. 궁정의 서정 시인과 수공업 기술자인 공장^{工匠}이 어울릴 수 있을까? 미네장의 형식은 계승했으나 주체는 분명히 달랐다. 마이스터게장은 수공업자들의 조합인 길드^{guild}에 속한 장인들이 만들어 부르던 노래다. 일본의 백과사전 풀이에도 장인^{匠人}들이 불렀다고만 했을 뿐 궁정의 시인들을 끌어들이지는 않았다. 가져오려면 제대로나 가져올 것이지, 풀이마저 엉터리로 해놓았으니 한숨이 절로 나올 뿐이다. 이런 식의 오류를 발견하다 보면 국어사전 편찬자들에게 장인정신이 부족하다는 생각을 하지 않을 수 없다.

'몽롱체'라는 예술 용어

몽롱한 상태는 좋은 걸까 나쁜 걸까? 술에 취해 시를 지었다는 이백이나 술독을 끼고 앉아 그림을 그렸다는 장승업 같은 이들도 있으니, 몽롱한 상태가 예술 창작의 원천으로 작용할 때도 있는 모양이다. 그런데 다음에 쓰인 몽롱은 그런 상황과는 양상이 사뭇 다르다.

¶몽롱체(朦朧體): 시문·회화 따위에서, 명확한 의미나 윤곽 따위를 갖지 않은 것.

일단 『고지엔広辞苑』의 풀이를 보자.

¶朦朧体: 詩文·絵画などで明確な意義·輪郭などを有しないもの.
(번역) 시문·회화 등에서 명확한 의의·윤곽 등이 없는 것.

우리 국어사전의 풀이와 똑같다. 문제는 여기서 그치지 않는다. 대부분의 일본어사전이 이 용어의 유래를 따로 밝히고 있지는 않지만, 『정선판 일본국어대사전精選版 日本国語大辞典』에서는 풀이 뒤에 다음과 같은 내용을 덧붙이고 있다.

特に,明治後期に,横山大観と菱田春草が,岡倉天心に促されて始めた日本画の没
線描法をいうことがある.

(번역) 특히 메이지 후기에 요코야마 다이칸과 히시다 슌소가 오카쿠라 덴신의
촉구로 시작한 일본화의 몰선묘법没線描法을 말하는 경우가 있다.

기존의 동양화에서는 먼저 윤곽선을 그린 다음 채색을 했다. 그
러다 서양화 기법이 일본에 전해지면서 전통적인 선묘 기법을 버리
고 색채의 농담에 따라 형태나 구도, 빛과 공기의 흐름을 나타내는
기법을 시도하는 화가들이 생겼다. 이런 낯선 기법에 대해 다른 화
가들이 조롱조의 말로 부르기 시작한 게 몽롱체라는 용어였다. 그
러므로 몽롱체를 우리 국어사전에 싣는다면 일본의 회화 용어라는
사실을 분명하게 담아냈어야 한다.

몽롱체와 비슷한 기법이 동양화에 아주 없었던 건 아니다. 일본
어 사전 풀이에 나오는 몰선묘법没線描法이 우리 국어사전 표제어에
있으며, 동양에서 그런 기법을 가리키던 본래 용어는 아래 낱말이다.

¶몰골법(沒骨法): 〈미술〉 동양화에서, 윤곽선을 그리지 않고 먹이나 물감을 찍어
서 한 붓에 그리는 화법.

『표준국어대사전』의 풀이인데, '한 붓에 그리는 화법'이라는 표
현이 불분명하면서 모호하다. 『고려대한국어대사전』에서는 '윤곽선
을 그리지 않고 먹이나 채색으로 직접 그리는 기법'이라고 했다.

한편 회화뿐만 아니라 시문詩文에도 해당한다는 풀이는 어떻게
된 걸까? 고전 시가에서는 그런 표현을 사용한 예를 찾기 힘들다.
1980년대에 등장한 중국의 신진 시인들이 사회주의 문예에 대한
거부감을 나타내며 현대적인 예술 기교를 도입한 시들을 썼다. 이
들은 상징적인 시어들을 사용하는가 하면 무의식을 탐구하고 개인
의 서정을 중시했으며, 수팅舒婷과 꾸청顧城 등이 대표적인 시인이다.
이들을 일러 몽롱파라 칭하는 동시에 그런 경향의 시를 몽롱시라
고 했다. 시들이 몽롱해서 대중과 소통하기 어렵다고 해서 생긴 말
들이다. 그러므로 중국의 몽롱파와 몽롱시는 일본화에서 말하는
몽롱체와는 성격이 다르다.

기생 학교의 정체

『표준국어대사전』에서는 기생을 '잔치나 술자리에서 노래나 춤 또는 풍류로 흥을 돋우는 것을 직업으로 하는 여자'로 정의하고 있다. 이런 풀이는 다른 국어사전에서도 거의 비슷하게 나온다. 하지만 이런 풀이는 기생의 의미를 협소하게 정의한 것이다. 조선 시대 궁궐에는 음식을 만들던 다모茶母, 의술을 담당하던 의녀醫女, 바느질을 담당하던 침선비針線婢 들이 있었으며 이들도 기생이라고 불렀다. 그래서 '약방기생藥房妓生'이나 '상방기생尙方妓生'같은 말이 나왔다. 이들도 가무를 익혀 본업 외에 궁중 연회에 나가 춤과 노래를 했기에 기생이라는 이름으로 불렀다.

　이런 기생들을 길러내던 학교가 있었을까? 조선 시대에는 기생청妓生廳이라는 기관이 있었고, 일제에 국권을 상실한 후 일본식 명칭인 권번券番이란 게 생겨서 그곳에서 어린 여자아이들을 뽑아 기생 훈련을 시키기는 했다. 그 무렵 평양에 기생양성소가 세워지기도 했다. 이런 것들과 별개로『표준국어대사전』에서는 기생 학교가 있었다고 하는데, 과연 사실일까?

¶이원제자(梨園弟子): 기생 학교의 학생.

풀이 자체도 너무 간단하지만 내용 자체가 틀렸다. 앞에 붙은 '이원梨園'이 별도 표제어로 있다.

¶이원(梨園): 1. 배나무 동산. 2. 〈역사〉 중국 당나라 때, 현종이 몸소 배우(俳優)의 기술을 가르치던 곳. 오늘날 뜻이 바뀌어 연예계, 극단, 배우들의 사회 따위를 이른다. 3. 〈역사〉 조선 시대에, 장악원의 좌방(左坊)과 우방(右坊)을 아울러 이르던 말. 좌방은 아악(雅樂)을, 우방은 속악(俗樂)을 맡았다. =교방. 4. 〈역사〉 장악 기관의 하나. 조선 초기의 아악서·전악서·악학·관습도감을 합친 것으로, 세조 12년(1466)에 장악서로 통합하였고, 예종 원년에 다시 장악원으로 바꾸었다.=장악원.

여러 개의 뜻을 담고 있는 말인데, '이원제자梨園弟子'라는 말은 두 번째 풀이와 관련이 있다. 당나라 현종이 세운 이원梨園에서 가르침을 받은 제자라는 뜻이다. 현종은 음악을 좋아하고 스스로 음률을 익힐 정도로 조예가 깊었다. 그런 현종이 배나무가 많은 정원 즉 이원梨園에서 악공들의 자제를 뽑아 자신이 직접 음악을 가르쳤다.『당서唐書』에 이렇게 기록되어 있다.

選坐部伎子弟三百(선좌부기자제삼백) 教于梨園(교우이원) 號皇帝梨園 弟子(호황제이원제자) 宮女數百亦爲梨園弟子(궁녀수백역위이원제자). 좌부기의 자제 삼백 명을 뽑아 이원에서 가르쳤다. 이를 황제이원 제자라 하였으며 궁녀 수백 명 역시 이원제자가 되었다.

좌부기坐部伎란 앉아서 음악을 연주하는 악공을 말하며, 서서 연주하는 악공은 입부기立部伎라 했다. 그러니까 이원제자란 기생이 아니라 현종에게 음악을 배운 악공을 뜻한다. 위 기록에 있는 것처럼 황제이원제자라고도 한다. 악공의 자제라고 했으므로 여자만 선발하지는 않았을 것이다.

『표준국어대사전』 '이원'의 풀이에 '배우의 기술을 가르치던 곳'이라는 표현이 있는데, 『고려대한국어대사전』에서는 '궁정의 가무예인歌舞藝人을 가르치고 훈련하던 곳'이라고 했다. 후자가 정확한 풀이다. 『표준국어대사전』이 이원과 이원제자를 풀이하면서 왜 기생과 배우를 끌어들였을까?

이런 의문은 '오늘날 뜻이 바뀌어 연예계, 극단, 배우들의 사회 따위를 이른다'라고 한 부분과 이어진다. 『고려대한국어대사전』에도 '배우들의 사회나 연극계를 이르는 말'이라는 풀이가 나오는데, 지금 배우 활동을 하는 사람들에게 이런 내용을 들려주면 어떤 반응이 나올까? 모르긴 해도 고개를 갸웃하며 웬 뚱딴지같은 소리냐고 할 게 뻔하다. 그런 얘기는 들어본 적조차 없을 것이기 때문이다.

국어사전의 뜻풀이가 꼬이게 된 실마리를 찾으려면 일본의 가부키 세계로 들어가 보아야 한다. 가부키는 음악과 무용을 결합한 일본의 전통극이다. 그래서 가부키에 출연하는 사람은 가수라기보다 노래와 춤을 잘하는 배우에 가깝다. 당 현종이 세운 이원梨園에 대한 이야기가 일본으로 전해져 에도江戸 시대에 가부키 세계를 이원梨園이라 부르기 시작했다. 이원梨園을 연극계나 배우들의 세계를 지칭하는 말로 쓰게 된 건 이런 연유 때문이다.

『고지엔広辞苑』에 이원梨園이 이렇게 나온다.

¶梨園: (唐の玄宗が.梨なしの木の植えてある庭園で自ら音楽を教えたという故事から)俳

優の社会. 劇壇. 演劇界.特に歌舞伎役者の社会.

(번역) (당나라 현종이 배나무를 심은 정원에서 직접 음악을 가르쳤다는 고사에서) 배우

사회. 극단. 연극계. 특히 가부키 배우의 사회.

　중국에서도 당 현종이 만든 이원梨園의 전통을 이어받아 현재 베이징에서 경극을 주로 공연하는 극장의 이름을 이원극장梨園劇場이라고 지었다. 일본과 달리 우리는 이원梨園이라는 말을 배우나 극단의 세계를 이르는 말로 쓰지 않았으므로 그런 내용을 국어사전의 풀이에서 빼야 한다. 아니면 일본에서 사용하는 용법이라는 설명을 달아놓든지.

출판과 인쇄 용어

¶상목(上木): 책 따위를 출판하기 위하여 인쇄에 부침. '≒상재'

책을 출판할 때 상재^{上梓}라는 말을 쓰는 건 많이 들어봤어도 상목^{上木}이라고 하는 건 처음 들어봤다. 『표준국어대사전』은 상목과 상재를 같은 뜻을 지닌 말로 간단히 풀이했지만 『고려대한국어대사전』은 다음과 같이 자세한 설명을 달았다.

¶상재(上梓): 〈출판〉 가래나무 목판(木版)에 올린다는 뜻으로, 출판하기 위하여 책을 인쇄에 부치는 것을 이르는 말.

재^{梓}는 가래나무를 뜻하는 말로 재질이 좋아서 쓸모가 많았다. 옛날부터 중국에서는 가래나무 판에 글자를 새겨 책을 인쇄했으며, 시신을 담는 관의 재료로 삼기도 했는데 특히 왕이나 왕비 등의 관을 가래나무로 짜서 재궁^{梓宮}이라는 말로 부르기도 했다. 상재^{上梓}라는 말은 중국에서 건너왔지만 상목^{上木}은 중국어사전에 보이지 않는다. 대신 일본어사전에 다음과 같이 올라 있다.

¶上木: 印刷のために版木に彫りつけること. 図書を出版すること. 上梓.

(번역) 인쇄를 위해 판목에 새기는 것. 도서를 출판하는 것. 상재.

글자를 판에 새겼으면 이제 찍어서 출판을 해야 한다. 그와 관련한 낱말을 보자.

¶쇄행(刷行): 인쇄하여 출판함.

¶판행(版行): 〈매체〉 책 따위를 출판하여 발행함.

둘 다 우리는 안 쓰는 말이다. 우리는 간행^{刊行}이라는 말을 많이 쓰고 드물지만 인행^{印行}이라는 말도 썼다.

¶刷行: 印刷して発行すること. 印行. 〈和英語林集成〉

(번역) 인쇄해서 발행하는 것. 〈화영어림집성〉

다른 일본어사전에서는 안 보여서 『다이지센^{大辞泉}』에 나오는 풀이를 가져왔다. 그만큼 일본에서도 많이 쓰는 용어는 아니라는 얘기이다. 풀이 뒤에 붙은 '和英語林集成(화영어림집성)'은 헵번$^{J. C. Hep-burn}$이 편찬한 일본 최초의 일영^{日英} 사전으로, '刷行'의 출처를 밝힌 것이다.

¶版行·板行: 書籍·文書などを印刷し, 発行すること. 刊行.

(번역) 서적·문서 등을 인쇄하여 발행하는 것. 간행.

쇄행^{刷行}의 쓰임새는 드물지만 판행^{版行}은 일본에서 비교적 널리 쓰는 용어다.

¶백손(白損): 〈매체〉 수송·운반할 때 흠이 나서 인쇄하지 못하게 된 용지.

¶흑손(黑損): 〈매체〉 신문 용어의 하나. 인쇄가 지나치게 검게 되어 못 쓰게 된 신문지를 이른다. 평균 2% 전후의 양이 나온다.

이 말들을 사용한 용례를 찾지 못했으며, 일본의 인쇄용어사전에 나오는 말들이다. 백손^{白損}의 뜻은 국어사전의 풀이와 다르지 않지만 흑손^{黑損}에 대해서는 인쇄용어사전에서 이렇게 설명하고 있다.

¶黑損: 印刷において見当·色調調整·紙継ぎなどで印刷はされても製品とならないものを「黒損」という.

(번역) 인쇄에서 짐작·색조 조정·종이 연결 등으로 인쇄는 되어도 제품이 되지 않는 것을 「흑손」이라고 한다.

신문 인쇄에만 해당하는 게 아니며 단순히 인쇄가 검게 된 것만을 뜻하는 용어도 아님을 알 수 있다.

¶비화선(非畵線): 〈매체〉 인쇄판에서 인쇄 잉크를 묻히지 아니하는 면.

이 말도 우리는 사용하지 않으며, 일본의 인쇄용어사전에 비화선부^{非畵線部}라는 용어로 나온다. 풀이는 국어사전의 내용과 똑같다. 비화선이 있으면 화선이 있어야 이치상 맞을 텐데 그런 말은 국어사전에 보이지 않는다. 비화선은 비화선부가 원말인데, 실수로 '부' 자를 빼먹은 것으로 보인다. 일본 자료에는 둘이 나란히 나오며, 〈우리말샘〉에는 화선부^{畫線部}와 비화선부^{非畫線部}를 일본에서 사용하는 용어라는 설명 없이 풀이만 실었다.

¶약력(略曆): 일반 사람에게 필요한 것만 인쇄하여 반포하는 달력.=약본력.

약력은 약본력의 준말이다. 우리는 사용한 적이 없는 용어이며, 일본어사전에 둘 다 실려 있다.

¶略本曆: 本曆を基準とし、一般の人に便利な事柄だけを抜き出したこよみ. 略曆.
(번역) 본력을 기준으로 일반인이 편리한 것만을 골라낸 달력. 약력.

일본어사전에는 본력^{本曆}도 표제어에 있으나 우리 국어사전에는 없다. 약력과 약본력도 빼야 한다.

¶발태(發兌): 책 따위를 인쇄·출판하여 널리 팖.
¶発兌: 書籍·紙幣などを印刷して世に出すこと. 発行.
(번역) 서적·지폐 등을 인쇄하여 세상에 내놓는 것. 발행.

근대 초기에 우리도 일본에서 가져다 잠시 사용한 적이 있는 용어이기는 하다. 하지만 지금 누가 저런 말을 쓰고 있으며, 쓰고 있는 걸 들어보기라도 했을까? 예전 용어라는 사실을 설명해주는 게 왜 그리 어려운 일인지 모르겠다.

그 밖에도 우리는 안 쓰는 일본 용어가 다음과 같이 우리 국어
사전에 실려 있다.

¶합판(合版): 둘 이상의 사람이 합동하여 책을 출판함.

¶合版: 二人以上の者が共同して、書物を出版すること. また、その書物.

(번역) 두 사람 이상이 공동으로 책을 출판하는 것. 또는 그 책.

¶조본(造本): 〈매체〉 출판 계획에 따라 책의 체재와 자재 따위를 선택하여 책을
꾸미는 일.

¶造本: 書物の印刷・製本・装丁.また、用紙・材料などの製作技術面に関する設計
とその作業.

(번역) 책의 인쇄, 제본, 장정, 용지, 재료 등의 제작 기술면에 대한 설계와 그 작
업.

조각 관련 용어들

미술 분야 용어 중에서 조각과 관련한 낱말을 살펴보니 낯선 말이 무척 많았다. 짐작대로 일본 사람들이 쓰는 말을 무분별하게 가져와서 우리 국어사전에 실었다.

¶조각사(彫刻師): 조각을 전문으로 하는 사람.

¶彫刻師: 彫刻を業とする人.

(번역) 조각을 업으로 하는 사람.

우리가 사용하는 말은 조각가로, 조각사는 일제 식민지 시기에 잠시 들어와 쓰이다가 사라졌다. 조각사보다 더 낯선 말이 국어사전 안에 있다.

¶조상사(彫像師): 조각상을 새기는 일을 직업으로 하는 사람.

들어본 사람이 거의 없을 정도로 쓰임이 없으며 일본어사전에도 나오지 않는 말이다. 하지만 1897년에 영국 소설가 휴 콘웨이

Hugh Conway의 작품을 우치다 로안^{內田魯庵}이 『조상사^{彫像師}』라는 제목으로 번역해서 출판했다는 사실로 미루어 볼 때 일본에서 건너온 한자어인 건 분명하다. 일본에서도 잘 쓰지 않는 한자어를 어떻게 찾아서 국어사전에 싣게 됐는지 궁금하고 신기할 따름이다.

¶일목조(一木造): 〈미술〉 하나의 통나무에 조각하여 만든 입체 형상.

¶一木造リ: 木彫リの技法の一. 木像の腕·脚部·天衣などは別木だが, 頭部と胴部とが一本の木で作られているもの. 本来は一本の木材から仏像の全身を丸彫リにしたものをいう.
(번역) 나무 조각 기법의 하나. 목상의 팔·다리·천의 등은 다른 나무이지만, 머리와 몸통은 하나의 나무로 만든 것. 원래는 하나의 목재로 불상의 전신을 덩어리로 깎아 만든 것을 말한다.

『다이지린^{大辞林}』에 나오는 풀이인데, 내용을 보면 불상을 만들던 목조 기법이었음을 알 수 있다. 일본에서 발행한 『현대미술용어사전』에 '나라^{奈良} 시대 후기부터 헤이안^{平安} 시대 전기에 성행한 일본의 목조 불상의 제작 기법'이라는 설명이 나온다. 우리나라는 목조로 만든 불상이 많지 않으며 주로 석조로 만들었다.

¶기본법(寄本法): 〈미술〉 조각에서, 여러 가지 나뭇조각으로 맞추어 만들되 한 나무로 만든 것같이 하는 기법.

이 말의 정체를 찾느라 꽤 애를 먹었다. 아무리 뒤져도 '寄本法'

이라는 한자어를 사용한 걸 찾지 못했기 때문이다. 그러다 '기본^{寄本}'이 아니라 '기목^{寄木}'을 잘못 표기한 거라는 사실을 알고 허탈한 기분이 들었다. 물론 이 말도 일본 사람들이 쓰는 용어다.

일본에서 예전에 출간한 불상 조각 관련 책에 '寄木法'이라고 제목을 붙인 게 있고 더러 그런 용어를 쓰기도 했으나 기목조^{寄木造}라는 말을 더 폭넓게 쓰고 있다.

¶寄木造: 木像彫刻の制作技法の一つ. 仏像などを彫刻する場合,頭部·体躯などの基本部を,二個以上の木材を継ぎ合わせて一体の像に造り上げるもの. ⇔一木造. (번역) 나무상 조각의 제작 기법의 하나. 불상 등을 조각할 경우 머리·체구 등의 기본부를 두 개 이상의 목재를 합쳐 하나의 상으로 만드는 것. ⇔일목조.

뒤에 일목조^{一木造}의 반대말이라는 표기가 붙어 있다. 일목조와 기목조 둘 다 일본에서 불상을 만드는 방법인데, 왜 그런 내용을 빼고 마치 조각을 할 때 사용하는 일반적인 기법인 것처럼 서술했을까? 우리 조각계에서 저런 용어를 받아들여 우리 식으로 의미를 새롭게 살려서 쓰는 것도 아닌데 말이다. 『표준국어대사전』과 『고려대한국어대사전』이 두 낱말 모두 한자까지 틀려가며 같은 내용으로 풀이하고 있는데, 서로 상대 사전을 검증하는 구조를 갖추면 좋겠다. 낱말 풀이 뒤에 출처와 예문을 실어주는 게 바람직한데, 그게 제대로 안 되다 보니 편찬자들도 저런 말이 어디서 왔는지 살펴볼 생각을 안 하는 모양이다.

같은 부류의 낱말 하나가 더 있다.

¶목기법(木寄法): 〈미술〉 조각에서, 여러 가지 나뭇조각으로 맞추어 만들되 한 나무로 만든 것같이 하는 기법.

¶木寄せ法: 木彫りの技法の一. 寄せ木造りの仏像をつくるときに用いる方法.
(번역) 나무 조각 기법의 하나. 기목조로 불상을 만들 때 사용하는 방법.

기寄와 목木의 순서만 바꾼 말이며, 기목법과 동의어다.

¶목조가(木彫家): 나무 조각을 전문으로 하는 사람.

목조가木彫家라는 말을 누가 쓸까? 우리는 보통 목조각가 혹은 목공예가 같은 말을 쓴다. 쉽게 풀어서 그냥 나무조각가라고도 한다. 하지만 목조각가나 나무조각가는 표제어에 없다. 아울러 목공예와 목공예품은 표제어에 있어도 목공예가는 없다. 일본어사전에 목조가木彫家가 표제어로 올라 있지는 않지만 일본 사이트에 들어가서 검색하면 쉽게 만날 수 있는 용어다.

¶유희조각(遊戲彫刻): 어린이 놀이터 따위에 콘크리트 따위로 만든 놀이 시설.
¶놀이조각(─彫刻): 어린이 놀이터 따위에 콘크리트 따위로 만든 놀이 시설.

놀이조각이라는 말은 한자어 유희遊戲를 고유어 놀이로 바꾼 것이다. 그런데 이 낱말들은 또 뭘까? 분명히 우리가 쓰는 말은 아니다. 아무리 검색을 해봐도 쓰인 용례를 찾을 수 없을뿐더러 딱 들어봐도 놀이터에 만든 놀이 시설을 유희조각이라 하지는 않을 거

라는 걸 짐작할 수 있다. 이 용어는 서양에서 'playing sculpture'
라고 하는 걸 일본 사람들이 번역한 말이다. 하지만 일본어사전에
서도 유희조각^{遊戲彫刻}은 쉽게 찾을 수 없다. 일본 사이트에서 검색하
면 유희조각^{遊戲彫刻}이라는 말은 극히 드물게 발견되며, 그 대신 유구
조각^{遊具彫刻}이라는 말을 먼저 찾을 수 있다. 차라리 유구조각을 가져
오면서 'playing sculpture'를 일본 사람들이 번역한 한자어라고 하
면 어느 정도 이해할 수는 있겠다.

인명^{人名} 풀이

나는 기본적으로 국어사전에 인명^{人名}까지 실을 필요는 없다고 생각한다. 그런 건 인명사전이나 백과사전이 더 잘 다루고 있기 때문이고, 국어사전에서는 기껏 짧은 요약밖에 못 하는데다 국어학자들의 전공 영역이 아니다 보니 정보의 정확성을 판단할 능력도 없기 때문이다. 실제로 국어사전에 실린 인명 관련 용어를 살펴보면 무수히 많은 오류가 발견된다. 그와 함께 인명을 풀이하면서 일본어사전에 나온 풀이를 거의 그대로 가져온 것들도 상당수 눈에 띈다.

¶워즈워스(Wordsworth, William): 〈인명〉 영국의 시인(1770~1850). 자연의 아름다움과 인간과의 영교(靈交)를 읊었다. 콜리지와 함께 발표한 공동 시집 《서정 가요집》은 영문학사상 낭만주의의 부활을 결정짓는 시집이 되었다. 시집에 《서곡(序曲)》 등이 있다.

『고려대한국어대사전』에 나온 풀이를 옮겨 왔다. 풀이 중에 '영교靈交'라는 낯선 말이 보이기에 찾아봤더니 표제어에 등재되지 않은 낱말이다. 이상하다는 생각에 『일본국어대사전^{日本国語大辞典}』을 보니 다음과 같이 풀이하고 있었다.

¶ワーズワース(William Wordsworth): イギリスの詩人. 自然の美と人間との霊交を歌
い、コールリッジとともにロマン主義復活の一時期をつくった. 詩集「序曲」、「逍遥行」
など.(一七七〇〜一八五〇)

(번역) 영국의 시인 자연의 미와 인간의 영교를 노래하여 콜리지와 함께 낭만주의
부활의 한 시기를 만들었다. 시집 「서곡(序曲)」, 「소요행(逍遥行)」 등.(1770〜1850)

보는 순간 '靈交'라는 한자부터 눈에 들어왔다. 짐작대로 일본
어사전에 나온 내용을 거의 그대로 가져왔다. 다른 인명은 어떤가
싶어 생각나는 사람들을 찾아보기 시작했다. 다음은 마찬가지로
『고려대한국어대사전』과 『일본국어대사전^{日本国語大辞典}』에 나오는 내용
이다. 풀이 내용을 비교해 보자.

¶소포클레스(Sophocles): 〈인명〉 고대 그리스의 비극 시인(BC 496?〜BC 406?). 고
대 그리스의 삼대(三大) 비극 시인 가운데 한 사람으로 꼽힌다. 그리스 비극을 기
교적, 형식적으로 완성하였다. 현전하는 작품은 〈오이디푸스 왕〉, 〈안티고네〉 등
일곱 편이다.

¶ソフォクレス(Sophokles): 古代ギリシアの詩人. 最盛期アテナイの人. アイスキュコス、
エウリピデスとならぶ三大悲劇詩人の一人. ギリシア悲劇を技巧的・形式的に完成さ
せた. 現存する作品は「オイディプス王」など七編.

(번역) 고대 그리스의 시인 전성기 아테네의 사람. 아이스퀴코스, 에우리피데스와
함께 3대 비극 시인들 중 한 명. 그리스 비극을 기교적, 형식적으로 완성시켰다.
현존하는 작품은 「오이디푸스왕」 등 7편.

약간의 차이는 있지만 거의 흡사하다. 『고려대한국어대사전』만 그랬을 리는 없다는 생각에 이번에는 『표준국어대사전』에 실린 인명을 찾아보았다.

¶헤밍웨이(Hemingway, Ernest Miller): 〈인명〉 미국의 소설가(1899~1961). 제 일차 세계 대전 때 종군한 경험을 바탕으로, 현실과 용감하게 싸우고 패배하는 인간의 모습을 간결하고 힘찬 문체로 묘사하였다.

¶ヘミングウェ＿(Ernest Miller Hemingway): アメリカの小説家. 第一次世界大戦に従軍し, 負傷. その経験をもとに「日はまた昇る」「武器よさらば」を発表して作家としての地位を確立. 現実と敢然と闘い敗北する人間の姿を, 簡潔な力強い文体で描いた.
(번역) 미국의 소설가. 제1차 세계대전에 종군하고 부상. 그 경험을 바탕으로 「해는 다시 뜬다」, 「무기여 잘 있거라」를 발표하여 작가로서의 지위를 확립. 현실과 감연히 싸워 패배하는 인간의 모습을 간결하고 힘찬 문체로 그렸다.

¶밀턴(Milton, John): 〈인명〉 영국의 시인(1608~1674). 종교 개혁 정신의 부흥, 정치적 자유, 공화제 따위를 지지하다가 탄압을 받고, 실명(失明)과 아내를 잃은 비운을 달래면서 대작 〈실낙원〉을 썼다. 작품에 〈복낙원(復樂園)〉, 〈투기사 삼손〉 따위가 있다.

¶ミルトン(John Milton): イギリスの詩人. 宗教改革の精神の復興, 政治的自由, 共和制などを支持して弾圧され, 失明の悲運に見舞われながら, 深遠・雄大な長編叙事詩「失楽園」「復楽園」を完成した.
(번역) 영국의 시인. 종교개혁 정신의 부흥, 정치적 자유, 공화제 등을 지지하여 탄압받고 실명의 비운을 겪으면서, 심원하고 웅대한 장편 서사시 「실락원」과 「복락

원」을 완성했다.

베낀 게 아니라 참조했다고 말할 수도 있겠으나 그러기에는 흡사한 부분이 너무 많다. 나아가 왜 하필 일본어사전을 참조했는지 물으면 어떤 대답이 나올지 궁금하다. 문학인들만 그런 건 아닐 테니 잠시 사상가들에 대한 풀이는 어떤지도 보자.

¶니체(Nietzsche, Friedrich Wilhelm): 〈인명〉 독일의 철학자·시인(1844~1900). 실존 철학의 선구자로, 기독교적·민주주의적 윤리를 약자의 노예 도덕으로 간주하고 강자의 군주 도덕을 찬미하였으며, 그 구현자를 초인(超人)이라 명명하였다.

¶ニ__チェ(Friedrich Wilhelm Nietzsche): ドイツの哲学者. 実存哲学の先駆者. キリスト教的·民主主義的倫理を弱者の奴隷道徳とみなし、強者の自律的道徳すなわち君主道徳を説きその具現者を「超人」とする思想に達した.
(번역) 독일의 철학자. 실존 철학의 선구자. 기독교적·민주주의적 윤리를 약자의 노예 도덕으로 보고, 강자의 자율적 도덕 즉 군주 도덕을 설파하고, 그 구현자를 '초인'으로 하는 사상에 이르렀다.

¶헤겔(Hegel, Georg Wilhelm Friedrich): 〈인명〉 독일의 철학자(1770~1831). 독일 관념론의 완성자로서 자연, 역사, 정신의 모든 세계는 끊임없이 변화하고 발전하여 가는 과정이며 이들은 정반(正反), 정반합(正反合)을 기본 운동으로 하는 관념의 변증법적 전개 원리로 설명될 수 있다고 주장하였다. 이 변증법적 원리는 이후의 마르크스주의에 비판적으로 계승되어 19세기 이후의 사상과 학문에 큰 영향을 끼쳤다.

¶ヘーゲル(Georg Wilhelm Friedrich Hegel): ドイツの哲学者。ドイツ観念論の完成者。
自然・歴史・精神の全世界を不断の変化・発展の過程としてとらえ、これを絶対精
神の弁証法的発展とみなし、それを学的に把握するのが哲学であるとした。その正・
反・合を基本運動とする弁証法の原理はマルクス主義に批判的に継承された。
(번역) 독일의 철학자. 독일 관념론의 완성자. 자연·역사·정신의 전 세계를 부단한
변화·발전 과정으로 파악하고 이를 절대정신의 변증법적 발전으로 간주하여 그
것을 학적으로 파악하는 것이 철학이라고 하였다. 그 정·반·합을 기본 운동으로
하는 변증법의 원리는 마르크스주의에 비판적으로 계승되었다.

¶엥겔스(Engels, Friedrich): 〈인명〉 독일의 경제학자·철학자·정치가(1820~1895). 마
르크스의 정신적·물질적 후원자였으며 마르크스와 협력하여 과학적 사회주의,
사적 유물론을 창시하였다.

¶エンゲルス(Friedrich Engels): ドイツの経済学者、哲学者、政治家。マルクスと協力して
科学的社会主義、史的唯物論を創始。
(번역) 독일의 경제학자. 철학자. 정치가. 마르크스와 협력하여 과학적 사회주의,
사적 유물론을 창시.

　　다른 분야의 인물들도 찾아보면 비슷한 현상이 나타날 것이라
는 점은 어렵지 않게 짐작할 수 있다. 그걸 일일이 찾아내서 비교하
는 건 시간과 지면을 낭비하는 일이 되기 쉽다. 모든 인명이 이런 식
은 아니다. 그래도 아닌 건 아니라는 사실을 직시할 필요가 있다.
이 정도만 해도 일본어사전에 대한 의존도가 높은 우리 국어사전
의 실상을 파악하기에 충분하지 않을까?

그 밖의 말들

미술 관련 용어부터 몇 개 보자.

¶수상(壽象): 〈불교〉 살아 있을 때 그린 초상화.

¶寿像: 存命中に造っておく人の像
(번역) 생존 중에 만들어 두는 사람의 초상.

수상壽象이라는 말이 『조선왕조실록』에 나오기는 한다.

▶일본 국왕과 그 모후母后가 중 규주圭籌 등을 보내어 서간書簡을 전하고 방물方物을 바치며 《대장경大藏經》을 청구하니, 그 글월에, 귀국의 선왕先王께서 화공畫工을 시켜 국사國師의 화상畫像을 그리고…(세종실록 18권)

마지막 부분의 원문은 이렇다.

貴國先王使工, 圖國師壽象(귀국선왕사공, 도국사수상)

내용을 잘 보면 수상壽象은 일본 국왕이 보낸 글월에 나오는 표현이다.《부산일보》1928년 5월 8일 기사 제목은 '대지충조大池忠助 옹 수상壽象 래월 2일 부산 도착'으로 되어 있다. 대지충조, 즉 오이케 츄스케大池忠助(1856~1930)는 19세기 후반부터 부산에서 활동하며 무역으로 부를 일군 대자본가였다. 그런 오이케의 초상화가 다음 달 28일에 부산으로 도착한다는 내용의 기사다. 이 정도 소소한 내용의 기사가 실릴 정도로 당시에 오이케가 부산에서 차지하고 있는 위상은 대단했다. 1928년에 나온 기사이니 오이케가 사망하기 전이다. 수상壽象이라는 낱말을 싣고 풀이하려면 일본에서 만들어 쓰는 용어라는 걸 밝혔어야 한다.

¶농민미술(農民美術): 〈미술〉 농민이 제작한 공예 미술. 나무·대·가죽 따위의 세공물 및 도자기가 있으며, 소박하고 향토색이 짙고, 생활과 밀접한 관련이 있다.

우리나라 미술계에서도 1980년대 후반부터 1990년대에 농민미술이라는 개념을 썼지만 풀이에 나오는 것처럼 공예를 중심으로 한 농민미술은 없었다. 1930년대에 일본의 야마모토 가나에山本鼎가 러시아에 갔다가 그곳 농민들이 겨울에 공예품을 만드는 걸 보고 와서 일본 농민들에게 퍼뜨렸으며, 그걸 농민미술이라는 용어로 불렀다. 우리와는 전혀 상관없는, 일본 농민들의 공예미술을 가리키던 말이다.

¶침청자(砧靑瓷): 중국에서 만든 청자의 하나. 청자색으로 불투명한 유약을 발라 푸른빛을 띠며, 다듬이질하는 모양을 닮았다. 주로 남송(南宋) 시대의 룽취안요(龍泉窯)에서 만들었다.

풀이를 보면서 '다듬이질하는 모양을 닮았다'라는 부분에서 고개를 갸우뚱했다. 어떻게 청자가 다듬이질하는 모양을 닮을 수 있는지 이해하기 힘들었기 때문이다. 당연히 풀이에 문제가 있을 듯해서 이리저리 찾아봤더니, 침청자(砧靑瓷)라는 명칭은 중국에서 건너온 게 아니고 일본 사람들이 붙인 이름이다. 일본말로는 '기누타세지(きぬたせいじ)'라고 하며, 『고지엔(広辞苑)』에서는 이렇게 설명하고 있다.

¶砧青磁: 中国.宋·元代に浙江省の竜泉窯で焼かれた良質の青磁に対する日本での呼称. 名は砧の形に似た首の長い花生けの名品に由来するともいう. 青磁の最高級品として日本の茶人が珍重.
(번역) 중국, 송(宋), 원대(元代)에 저장성(浙江省)의 룽취안(竜泉) 가마에서 구운 양질의 청자를 일본에서 부르는 호칭. 이름은 다듬잇돌의 형태와 닮은 목 부분의 긴 화기(花器)의 명품에서 유래한다고 한다. 청자의 최고급품으로서 일본의 다인(茶人)이 진중하게 여긴다.

긴 목 부분이 다듬잇돌의 형태를 닮았다는 건데, 『표준국어대사전』에서는 그걸 '다듬이질하는 모양'이라는 식으로 참 이상하게 비틀어 놓았다.

이번에는 사진에 관한 말이다.

¶특사(特寫): 특별히 사진을 찍음.

¶特写: 特別に写真にうつすこと.「本誌特写」

(번역) 특별히 사진에 담은 것.「본지특사」

1955년 10월 27일 조선일보에 문학평론가 백철이 장용학의 소설을 평한 글이 실렸는데, 거기에 '그 내부세계를 특사特寫함으로써'라는 구절이 나온다. 이 구절에서 특사特寫는 특별하게(혹은 독특하게) 묘사한다는 정도의 뜻을 담아 사용했다. 그 밖에 사진과 관련해서 특사特寫라는 말을 사용한 자료를 나는 찾지 못했다.

¶사진화(寫眞畫): 사진에 찍힌 형상.

한 번도 들어보지 못한 용어다. 이 말은 일본어사전에는 없지만 일본에서 발행한 『현대미술용어사전』에 나온다. 거기 나오는 미술사가美術史家 기노시타 나오유키木下直之에 의하면, 사진을 본뜬 회화와 회화를 촬영한 사진이라고 하는, 두 개의 방향이 있다고 한다. '畫'를 '형상'으로 풀이한 국어사전 편찬자는 무얼 근거로 그렇게 해석했는지 묻고 싶다.

경제와 노동 용어

… 〈부〉 …
… 맞. 명 〈부〉 … 드는 사람을 …
…드… 피우는 사람을 …

…[─出身] [─선] 명 … 사람을 경멸해 … 규제한 사람을 경멸해 …

명[하타] 논을 새로 만듦.
명[부] 날날마다. 하나에. 1~20 ㄴ원.
…er] 명 치마의 주름.
…] 명[하타] 깨우쳐 인도함.
↗개발 도상국.
…[開途國] 명 사막 잡신 야훼를 섬기는
…[督] 명 개신기독교의 준말로 욕처럼 사용.
…단. 개신기독교의 준말로 욕처럼 사용.
…민족을 무정하고 야훼에 의해 흙으로
…어 졌다는 방법을 일삼으며 개념을 상실함
…있으며 과학자들에 의하면 아메바에서 바
…구천국 불신지옥이라는 극단적인 사상을 가
…신화되었을 것으로 추정됨.
…돼지 명 ①개 와 돼지. ②개 나 돼
…〔───〕 명 ①가 침석(加撻石).

경영 관련 용어

¶삼익주의(三益主義): 〈경제〉 자본가, 경영자, 노동자가 이윤을 일정한 비율로 분배한다는 원칙.

우리나라에서는 아직 전문경영인 체제가 확립되지 않아서 대부분 자본가와 경영자가 분리되어 있지 않다. 그러니 위와 같은 원칙을 내세울 처지도 못 된다. 설사 그런 체제가 성립된다 해도 3자가 일정한 비율로 이익을 나눈다는 건 상상하기 어렵다. 일종의 이상론이라고도 볼 수 있겠는데, 누가 이런 원칙을 주장했을까?

일본에서 다이쇼大正 7년, 즉 1918년 1월에 고쿠라 소호小倉徂峰라는 사람이 일본평론사日本評論社에서 같은 제목의 책을 편찬해서 펴냈다. 삼익주의는 그 책에서 주장하는 내용이고, 지금은 일본에서도 그런 이론을 펼치는 사람은 없다.

¶공동결정법(共同決定法): 〈법률〉 기업의 감사 회의에 노동자 측의 감사를 사용자 측의 감사와 같은 수로 참여시키고 투표권을 행사하게 보장한 법률.

『표준국어대사전』의 풀이를 가져왔다. 분류 항목이 '법률'로 되어 있는데, 한국에 정말로 이런 법률이 있을까 싶었다. 『고려대한국어대사전』의 풀이를 보니 '독일, 스웨덴 등의 국가들이 제정, 시행하고 있다'라는 내용이 덧붙어 있다. 독일에서 먼저 시행하고 그 후 유럽의 다른 국가들로 퍼져 나간 제도다. 〈우리말샘〉에 비슷한 용어가 있는 걸 발견했다.

¶공동의사결정법(共同意思決定法): 〈경영〉 기업 측 대표와 종업원 대표가 동수로 참여하는 감사회를 설치하고, 여기에서 기업의 주요 의사를 결정하는 방식. 1952년에 독일의 한 기업에서 만든 방법이다.

여기에도 '독일의 한 기업에서 만든 방법'이라는 구절이 나온다. 공동결정법共同決定法이라는 용어가 우리 국어사전 표제어에 오른 건 일본어사전에 실려 있기 때문이다. 대부분의 일본어사전에 저 용어가 실려 있는데, 한결같이 독일에서 만들어 시행한 법이라는 내용을 밝히고 있다. 그런데 『표준국어대사전』은 왜 이처럼 중요한 내용을 빼버린 채 가져왔을까? 공동의사결정법 외에 공동결정제도 혹은 공동의사결정제도라는 말로 부르기도 한다.

¶연간보증임금(年間保證賃金): 〈경제〉 실업 후의 생활을 보장하기 위하여 회사가 기금을 적립하여, 일시 해고하는 노동자에게 일정한 기간 동안 계속 지급하는 임금.

우리나라에는 이런 제도가 없었고, 지금도 없다. 이런 방식의 임금을 영어로 'guaranteed annual wage'라고 하며, 1920년대 이후부터 미국에서 노사가 협약을 맺어 시행했던 제도다. 물론 외국의 제도라도 우리가 알고 있어야 할 기본 상식이나 교양에 해당한다면 국어사전에 해당 용어를 실을 수는 있다. 이 용어가 어디서 왜 나왔는지를 알아내기 위해 꽤 애를 먹었다. 경제학이나 경영학을 전공한 사람도 웬만해선 알기 어려운 용어라서 그렇다.

풀이도 모호해서 정확한 의미를 알기 어렵다. '일시 해고'라는 표현이 가장 중요한데, 그 이유는 고용 관계가 완전히 끝나는 해고자에게 해당하는 게 아니기 때문이다. 계절적인 이유 등으로 일감이 없어질 경우, 잠시 해고를 하는 대신 그 기간에 임금을 지급하는 방식이기 때문이다. '연간'이라는 말에서 보듯 1년이라는 시간의 테두리 안에서만 해고된 기간에 적용되었으며, 해당 연도의 고용을 보장하도록 하기 위해 노동조합이 사측에 요구하던 내용이다. 노동자들을 위한 임금 제도였지만 이런 접근 방식에 대한 비판도 있었다. 1년만 고용을 보장하는 일시적인 처방이기 때문에 고용주로 하여금 장기적인 고용 관계를 창출하기 위한 책임을 회피하게 만드는 부작용이 있다는 게 비판의 주요 요지였다.

이 용어도 일본 사람들이 만들었으며, 연보증임금^{年保證賃金} 혹은 연간보장임금^{年間保障賃金}이라는 용어를 쓰는 이들도 있다. 물론 얼마든지 다른 나라 사람이 먼저 만든 번역어를 가져올 수 있고, 그 자체가 나쁘다고 할 수는 없다. 하지만 굳이 안 가져와도 될 걸 가져와서 국어사전에 싣는 건 그리 탐탁하게 보이지 않는다.

이번에는 노동자들이 일하는 시간을 나타내는 용어들을 보자.

¶**구속시간**(拘束時間): 〈경제〉 출근해서부터 퇴근할 때까지 휴게 시간을 포함한 근로자의 근무 시간.

¶**실동시간**(實動時間): 〈사회 일반〉 근무 시간 가운데 식사 시간과 휴식 시간 따위를 빼고 실제로 근무하는 시간.

¶**실적시간**(實績時間): 〈경영〉 주어진 작업을 완성하기 위하여 작업자가 실제로 소비한 시간.

¶**정미시간**(正味時間): 〈경영〉 평균적인 능력을 갖춘 숙련된 작업자가 보통의 작업 조건하에서 정상 속도로 업무를 수행할 때 소요되는 시간.

국어사전에 실렸지만 모두 일본 사람들이 만들어 쓰는 용어다. 딱 봐도 그런 느낌이 들지 않을까? 근무시간이라는 말 대신 구속시간이라는 용어를 쓰는 사람을 본 적이 있는지 묻고 싶다. 실적시간은 어떤 말로 바꾸면 좋을지 모르겠지만, 우리는 거의 쓰지 않는 용어라는 건 분명하다. 실동시간은 실근무시간, 정미시간은 표준시간이 우리가 사용하는 용어다.

¶**간리**(幹理): 1. 어떤 일의 사무를 맡아 처리함. 2. 시설이나 물건의 유지, 개량 따위의 일을 맡아 함. 3. 사람을 통제하고 지휘하며 감독함. 4. 사람의 몸이나 동식물 따위를 보살펴 돌봄.

뜻을 네 가지로 풀 만큼 다양한 의미로 사용했다는 건데, 문제는 우리는 이런 한자어를 사용하지 않았다는 사실이다. 그래서인지 이 말은 『표준국어대사전』에 실려 있지만 『고려대한국어대사전』에서는 찾을 수 없다.

¶監理·幹理: 監督·管理すること. とりしまること.

(번역) 감독·관리하는 것. 단속하는 것.

　일본 사람들이 사용하는 한자어를 보면, 같은 의미를 가진 낱말인데 두 개의 한자를 병행해서 쓰는 경우가 종종 있다. 발음이 같으면 서로 넘나들 수 있도록 하는 것이다. 그래서 일본 사람들은 監理와 幹理를 같은 낱말로 사용한다. 하지만 우리는 幹理는 인정하지 않고 監理만 사용한다. 감리監理의 국어사전 풀이는 이렇다.

　　¶감리(監理): 1. 감독하고 관리함. 2. 〈역사〉 대한 제국 때에, 통상(通商) 사무를 맡아보던 감리서의 으뜸 벼슬.

　그렇다면 『표준국어대사전』 안에 있는 간리幹理는 대체 어디서 온 걸까? 『표준국어대사전』 풀이를 보면 간리幹理의 동의어로 관리管理를 제시하고 있다. 관리管理의 풀이는 간리幹理와 똑같다. 일본이 幹理와 監理를 같은 낱말로 사용하는 건 그들의 언어 사용법에 따른 것이다. 하지만 『표준국어대사전』이 간리幹理와 관리管理를 같은 낱말로 처리한 건 아무리 일본어사전 '監理·幹理' 풀이 내용에 '管理'라는 한자어가 들어 있다 해도 너무 어처구니없는 일이다. 앞서도 말한 것처럼 우리는 간리幹理라는 한자어 자체를 사용하지 않았다.

　　¶무의퇴사(無意退社): 〈법률〉 사원 자신의 의사와는 상관없이 이루어지는 퇴사. 주로 사망, 파산, 제명, 자격 상실 따위에 의한 것이다.

무의퇴사無意退社는 일본 상법商法에 나오는 용어다.

¶퇴사(退社): 1. 회사에서 퇴근함. 2. 회사를 그만두고 물러남.

첫 번째 풀이가 특이하게 다가올 텐데, 그래도 『표준국어대사전』에서는 염상섭의 소설 「무현금」에 나오는 '사원들은 퇴사 시간을 일 분인들 늦추는 법이 없고…'라는 문장을 예문으로 제시했다. 일제 식민지 시기에는 퇴사를 퇴근이라는 뜻으로 썼다는 걸 알 수 있게 하는 예문이다. 이런 식으로 조금만 신경 쓰고 친절을 베풀면 오해할 일이 줄어든다. 다만 지금은 그런 의미로 퇴사退社라는 말을 쓰는 경우가 없으므로 예전에 퇴근을 이르던 말이라고 하면 더 좋았겠다는 생각이 든다. 퇴사의 이런 용법은 당연히 일본에서 건너왔다.

¶기업가(起業家): 〈경영〉 어떤 사업을 구상하여 회사를 설립하는 일을 직업으로 하는 사람. ≒기업자.

'기업가起業家'는 '기업가企業家'와 혼동하기 쉬운 말이다. 회사를 설립하는 사람이라면 몰라도 설립하는 일 자체를 직업으로 삼는 사람이 있을까?

¶起業家: 新しく事業を起こし, 経営する者.
(번역) 새로 사업을 일으켜 경영하는 사람.

일본어사전에 있는 말을 가져오면서 풀이를 이상하게 뒤틀어버

렸다. 우리도 더러 기업가^{起業家}라는 용어를 쓰긴 하지만 〈우리말샘〉
에만 있는 '창업가^{創業家}'가 우리 용어다.

> ¶부정경업(不正競業): 〈경제〉 옳지 못한 방법으로 동업자의 이익을 해치는 영업
> 상의 경쟁.

일본의 법률 용어다. 우리는 부정경쟁이라고 한다.

> ¶지도(支途): 금전의 용도.

> ¶支途: 費用支出のみち. 金銭のつかいみち.
> (번역) 비용 지출의 길. 금전의 용처.

지도^{支途}라는 말이 일제 식민지 시기에 잠시 쓰인 적은 있으나,
지금도 그런 낱말을 쓰는 사람은 없다. 일본에서 건너온 옛날 말이
라고 해야 한다.

이상한 계약들

현대사회는 계약사회라고 부를 수 있을 만큼 대부분의 사회 활동이 계약을 바탕으로 이루어진다. 물건을 사고파는 일부터 학원에 다니거나 직장에 들어가 일하는 것까지 계약을 바탕으로 하지 않는 일이 거의 없다. 그러다 보니 국어사전 안에 계약의 종류를 나타내는 용어가 무척 많이 실려 있다. 그중에는 너무 낯설거나 언뜻 이해가 안 가는 것들도 있다.

¶ 습업계약(習業契約): 〈법률〉 기능을 익히고자 하는 노동자와 사용자 사이에 체결하는 계약.

이 용어는 일본에서 메이지 시대에 만들어 1945년에 새 민법을 제정하기 전까지 시행한 구 민법에 나온다. 당연히 요즘은 일본에서도 쓰지 않고, 연구 논문 등에서나 다루어질 뿐이다. 그런 용어를 찾아낸 것도 신기하지만 분류 항목을 '일본 법률'도 아니고 그냥 '법률'이라고 해서 우리 국어사전에 실었다는 게 더 놀랍고 대단해 보인다.

¶협해계약(協諧契約): 〈법률〉 회사 설립 따위와 같이 여러 사람이 공동의 목적을 위하여 표시한 의사의 합치에 따라 법률에서 유효한 하나의 의사로 간주되는 법률 행위.

법률 용어들이 대체로 어렵긴 하지만 이 말도 꽤 낯설고 어렵다. 더구나 협해(協諧)라는 말이 별도 표제어에 없거니와 독립적으로 쓰는 걸 보지도 못했다. 이 용어 역시 일본에서 메이지 시대에 만든 파산법 조문에 나온다. 풀이도 생뚱맞다. 1905년에 강화도에 있는 보창학교(普昌學校)에서 사용한 교재인 『법학통론(法學通論)』에 다음과 같은 구절이 나온다.(현대어 표기로 고침).

"보통의 파산처분 외에 협해계약이라 함이 있으니 채권자가 파산자를 대하여 채권의 약간을 탕감하여 부채의 지발(支撥)을 용이케 하거나 또 파산자로 하여금 이전과 같이 영업을 할 수 있게 하는 계약이니…"

지발(支撥)은 돈을 내어주거나 값을 치른다는 뜻이다. 『표준국어대사전』의 풀이와 사뭇 동떨어진 내용임을 알 수 있다. 『표준국어대사전』이 왜 이리 갈팡질팡인지 풀기 어려운 수수께끼가 아닐 수 없다.

¶생전계약(生前契約): 〈법률〉 당사자가 살아 있을 때에 이루어지는 계약.

이 용어는 본래 1950년대에 미국에서 시작되었으며, 'pre-need' 혹은 'pre-arrangement', 'pre-planning' 등의 표현을 썼다. 그러

다가 이 말을 일본 사람이 '생전계약生前契約'으로 번역해서 사용하기 시작했다. 간단히 설명하면 본인의 장례를 준비하기 위해 생전에 맺는 계약을 말한다. 일본에는 생전계약을 대행하는 업체가 여러 군데 있다. 우리도 장례 절차를 대행해 주는 상조회사가 있지만 이와는 약간 다르다. 생전계약은 단순히 장례에 한해서만 이루어지는 게 아니라 임종 직전의 간병 활동과 유언장 작성, 장례 방식, 유품 보존 등에 이르기까지 폭넓은 서비스를 포괄한다.

이러한 내용을 계약서로 작성해 법적 공증 절차를 밟는 것이 바로 생전계약이다. 가족에게 맡기지 않고 오로지 자신의 계획과 의지에 따라 자신의 죽음을 준비하고 사후 처리까지 결정권을 행사하는 셈이다. 우리는 아직 그 정도까지 이르지는 못하고 있으며, 생전계약이라는 용어조차 생소한 단계에 있다. 국어사전에 실린 풀이만 가지고 이런 정황과 내용을 알 수 있을까?

¶해용(解傭): 〈사회 일반〉 고용주가 고용 계약을 해제하여 피고용인을 내보냄.=해고.

¶신원인수(身元引受): 〈법률〉 고용 계약에서, 고용된 사람으로 인하여 앞으로 일어날지도 모르는 사용자의 모든 손해를 담보하는 계약.

두 낱말 모두 일본에서 쓰는 말이며, 신원인수身元引受라는 용어 대신 우리는 신원보증이라는 말을 사용한다.

수표와 어음을 가리키던 말

히틀러를 우리 민족과 직접 연결지어 생각할 수 있는 게 있을까? 당치않은 소리라고 할 사람들이 많을 것 같아 옛 신문기사 하나를 소개한다.

> ▶전번의 수해에 대하야는 충심으로 동정하는 맘을 금치 못하야 본국 정부에 자세한 보고를 하얏드니 히틀러 총통은 특히 극동極東에 대한 관심을 만히 가지고 잇슴으로 일부러 나에게 소절수를 보내여 전달케 한 것이다.(조선일보, 1936.10.21.)

기사의 제목은 '히틀러 독총통獨總統 조선朝鮮 수재水災에 금일봉'으로 되어 있다. 히틀러가 조선의 수재 소식에 대한 보고를 받고 중국 대련大連에 있는 독일 영사 에른스트 삐쇼프를 통해 위문금을 보냈다는 소식을 전하는 기사다. 히틀러가 조선이라는 나라에 호의를 가졌을 리는 없고 필시 일본을 보고 건넨 위문금이었을 것이다. 제목에는 금일봉으로 되어 있는 반면 내용에는 소절수라는 말을 썼다. 낯설게 다가오는 소절수는 무얼 가리키는 낱말일까? 『표준국어대사전』에 이 낱말이 표제어로 실려 있다.

> ¶소절수(小切手): 〈경제〉 은행에 당좌 예금을 가진 사람이 소지인에게 일정한
> 금액을 줄 것을 은행 등에 위탁하는 유가 증권. 횡선 수표, 보증 수표, 암수표
> 따위가 있다.=수표.

풀이 뒤에 동의어로 수표를 제시하고 있다. 소절수가 수표를 가리키는 낱말이라는 걸 아는 사람이 한국인 중에 몇 명이나 될까? 지금은 아예 쓰지 않는, 그런 말이 있었는지도 모르는 상황에서 무턱대고 소절수가 수표의 동의어라고만 하는 건 무책임한 일이다. 예전에 수표를 가리키던 말이라고 했어야 한다.

이 말은 일제 식민지 시기에 일본말을 가져와서 쓰던 용어다. 당시에 이런 식으로 일본 한자어를 들여와 쓰던 말이 무척 많았고, 그런 현상을 탓할 건 아니다. 어쨌든 우리가 한때 썼던 말이니 국어사전에 실을 수도 있다. 다만 싣더라도 풀이에서 그런 정황을 이해할 수 있게끔 신경을 썼어야 한다.

소절수와 통하는 낱말 하나를 더 보자.

> ¶절수(切手): 1. 〈경제〉 은행에 당좌 예금을 가진 사람이 소지인에게 일정한 금
> 액을 줄 것을 은행 등에 위탁하는 유가 증권. 횡선 수표, 보증 수표, 암수표 따
> 위가 있다. 2. 일제 강점기에, '우표'를 이르던 말.

첫 번째 풀이에서 보듯 소절수와 같은 뜻을 지니고 있으므로 소절수의 준말 정도로 보면 될 듯하다. 두 번째 풀이에서는 우표를

가리키던 말이라고 했는데, 그래도 여기서는 식민지 시기에 쓰던 말이라는 내용이 들어갔다. 절수의 용례를 옛날 신문에서 살펴보면 수표를 뜻하는 용법은 드물게 나타나고 우표를 뜻하는 말로 폭넓게 쓰였다. 절수와 함께 우편절수라는 말도 많이 썼는데, 우편절수라고 하던 걸 줄여서 절수라고 했음을 알 수 있다.

수표와 비슷한 역할을 하는 게 어음이다. 이번에는 어음과 관련한 낱말들을 살펴보자.

¶수형(手形): 〈경제〉 '어음'의 전 용어.

¶공수형(空手形): 〈경제〉 '공어음'의 전 용어.

¶약속수형(約束手形): 〈경제〉 '약속 어음'의 전 용어.

¶만기수형(滿期手形): 〈경제〉 지급 기일이 다 된 어음.

예전에는 어음을 수형手形이라고 했다는 사실을 알 수 있는데, 물론 일제 식민지 시기에 일본에서 가져온 말이다. 앞의 세 개는 모두 예전에 사용하던 말이라는 설명이 있지만 만기수형에는 그런 설명이 없다. 당연히 이 말도 예전에 사용하던 용어라고 했어야 한다.

약속어음은 많이 들어봤을 텐데, 공어음이란 건 무얼까?

¶공어음(空—): 〈경제〉 실제의 상거래가 없이 순수하게 자금을 조달하려고 발행한 어음. =융통 어음.

동의어라고 되어 있는 융통어음의 풀이는 이렇게 되어 있다.

¶융통어음(融通—): 〈경제〉실제의 상거래가 없이 순수하게 자금을 조달하려
고 발행한 어음.≒공어음, 금융 어음, 호의 어음.

풀이는 똑같은데 뒤에는 동의어가 아닌 유의어 표시를 한 다음
공어음 외에 금융어음과 호의어음을 추가했다. 공어음, 융통어음,
호의어음, 금융어음은 모두 일본어사전에 공수형空手形, 융통수형融通
手形, 호의수형好意手形, 금융수형金融手形으로 표제어에 올라 있다. 일본
과 우리가 같은 용어를 사용할 수는 있다. 하지만 호의어음 같은
말은 쓰는 이도 거의 없거니와 너무 낯선 용어다.
   이어서 다른 용어들도 살펴보자.

¶순합어음(馴合—): 〈경제〉발행인과 수취인이 미리 짜고 거짓으로 꾸민 어음.=
통정어음.

순합어음은 물론 동의어로 제시된 통정어음通情--이라는 말도 들
어본 사람이 거의 없을 것이다. 순합어음은 일본어사전에 나오고,
통정어음은 나오지 않는다. 그렇다면 통정어음이라는 말은 어디서
왔을까? 우리 법률 용어에 '통정허위표시通情虛僞表示'라는 게 있으며,
서로 짜고 허위로 계약서를 작성하는 걸 말한다. 여기서 통정어음
이라는 말을 만들어냈을 테지만 이 말이 사용된 용례를 거의 찾을
수 없다. 이런 말 대신 우리가 흔히 쓰는 건 딱지어음이라는 말인
데, 〈우리말샘〉에서만 찾을 수 있다.

¶금전어음(禁轉—): 〈경제〉발행인이나 배서인이 배서 양도를 금한다는 내용을

적은 어음.

아무도 쓰지 않는 말이고, 짐작할 수 있듯이 이 말 역시 일본어 사전에 등재되어 있다. 그렇다면 우리는 어떤 용어를 사용하고 있을까?

¶배서금지어음(背書禁止─): 〈법률〉 발행인이 배서를 금지하는 문구를 적은 어음. 담보 어음에 많이 쓴다.

이쯤에서 그치면 좋겠지만 문제는 계속 이어진다.

¶전서(轉書): 〈법률〉 민법에서, 채권 양도(債權讓渡)의 의사 표시를 증권의 뒷면에 기재하는 일. 교부(交付)와 함께 채권 양도의 성립 요건 또는 효력 발생 요건이 되며, 배서인(背書人)의 서명(署名)이나 기명 날인(記名捺印)이 반드시 있어야 한다.=배서.

¶역전서(逆轉書): 〈경제〉 인수인, 발행인, 배서인 등과 같이 이미 해당 수표나 어음의 채무자인 사람에게 어음이나 수표를 양도하는 뜻을 어음이나 수표에 적는 일.=환배서.

¶면책전서(免責轉書): 〈법률〉 배서인이 그 어음에 대한 책임을 지지 않는다는 뜻의 문구를 기재하는 일.=면책 배서.

우리 민법에서는 전서(轉書)라는 용어를 사용하지 않는다. 동의어로 처리한 배서, 역전서와 면책전서 역시 뒤에 동의어로 붙은 환배서와 면책배서가 우리 용어다. 같은 뜻을 지닌 이서(裏書)라는 말은 많이 들어봤을 테고, 지금도 널리 사용하고 있다. 하지만 이서裏書 역시 일본 식 한자라서 법률 용어로는 폐기하고 배서背書라는 말로 통일했다.

산 넘어 산이라고 아직도 검토해야 할 낱말이 많이 남아 있다.

¶권계(券契): 〈경제〉 어음이나 증서 따위를 통틀어 이르는 말. 특히 약속 어음을 이른다.

우리도 조선시대에 권계券契라는 용어를 사용했지만 계약 문서 정도의 의미를 지녔을 뿐이다. 혹시 근대에 들어서면서 어음을 가 리키는 말로 의미가 확장되었을까? 하지만 근대 이후 지금까지 그 런 의미로 권계라는 말을 쓰는 경우는 없었다. 일본 사람들도 이 용어를 헤이안平安 시대부터 주로 토지나 재산의 계약 문서라는 의 미로 사용했다. 그러다 근대에 들어 우리와 달리 일본에서는 어음 을 가리킬 때도 쓰기 시작했다. 권계를 어음의 의미로 쓰는 건 일본 사람들의 용법이다.

¶권면(券面): 1. 증권의 금액이나 번호가 적혀 있는 겉면. 2. 어음, 수표, 채권 따 위의 겉면에 기재된 금액.=권면액.

우리가 사용하는 용어는 액면額面이다. 나는 액면 대신 일본 사 람들이 쓰는 권면이라는 말을 사용하는 사람을 만나본 적이 없다.

¶정시(呈示): 1. 내어 보임. 2. 〈경제〉 어음, 수표, 증권 따위의 소지자가 인수나 지급을 요구하기 위하여 인수인 또는 지급인에게 제출하여 보임.

옛 문헌에서 정시(呈示)라는 말을 내어 보인다는 뜻으로 사용한 용례가 없는 건 아니지만 경제 용어로 사용하는 건 일본식 용법이다.

¶ 진체(振替): 〈경영〉 어떤 금액을 한 계정에서 다른 계정으로 대체하는 일. 또는 그 계정.

¶ 진출인(振出人): 어음이나 환(換) 따위를 발행한 사람.

진체(振替)는 일제 식민지 시기에 쓰던 말이고 지금은 대체(對替)라는 용어로 바뀌었다. 진체(振替) 풀이에 그런 내용을 밝혀주든지 최소한 동의어로 대체(對替)를 제시했어야 한다. 진출인도 마찬가지인데, 동의어로 요즘 쓰는 발행인 혹은 발행자라는 말을 왜 표기하지 않았을까? 진작에 용도 폐기된 용어라면 그런 사실을 명확히 밝혀주는 걸 국어사전의 기본 편찬 방침으로 삼아야 한다.

노동자들의 투쟁

노동조합이 사용자에 맞서 요구를 관철하기 위한 방법으로는 협상과 투쟁이 있다. 협상은 대개 단체교섭의 형태를 띠기 마련인데, 교섭이 지지부진하거나 결렬될 경우 투쟁이 뒤를 잇게 된다. 투쟁에는 다양한 방식이 있으며, 어느 정도의 수위에 맞출 것인가 하는 점은 상황과 노사 간 힘의 균형에 따라 달라진다. 가장 강력한 것은 파업이지만, 전 단계로 다양한 방법을 동원하기도 한다. 가령 정해진 규정을 지키면서 하는 준법투쟁 같은 것도 하나의 방법이다. 그런데 『표준국어대사전』을 보면 낯선 명칭의 투쟁 방법이 보인다.

¶장착투쟁(裝着鬪爭): 〈사회 일반〉 조합원이 요구 사항이나 구호가 쓰인 리본, 완장, 머리띠 따위를 두르고 시위하는 노동 쟁의 방법. 늑리본 투쟁.

장착투쟁이라는 말을 들어본 사람이 있을까? 풀이 끝에 유의어로 리본투쟁이라는 말을 제시하고 있는데, 리본투쟁 항목을 보면 장착투쟁과 똑같은 뜻으로 풀어놓았다. 리본투쟁이라는 말은 예전에 잠시 쓰인 적이 있다. 요구사항을 담은 글귀를 적은 리본을 달고 근무하면서 투쟁하는 방식을 말한다. 하지만 리본투쟁은 말 그대로 리본을 다는 것이지 완장이나 머리띠와는 거리가 있다. 그러므로 리본투쟁의 뜻을 장착투쟁과 똑같이 풀이하는 건 문제가 있다. 더구나 요즘은 리본투쟁 같은 말은 더 이상 쓰지 않는다. 리본 대신 깃이라는 우리말을 써서 깃달기 혹은 깃달기투쟁이라는 말을 주로 쓴다. 국어사전이 실제 언어 현실을 따라가지 못하고 있음을 보여 주는 사례다.

장착투쟁은 일본 사람들이 만들어 쓰던 용어다.

¶동정파업(同情罷業): 〈사회 일반〉 동맹 파업 중인 노동자를 지원하기 위하여 다른 직장의 노동자들이 합심하여 함께 일으키는 파업.

동정同情이라는 말은 아무래도 가여운 자에게 시혜를 베푼다는 느낌이 강하다. 이 말은 일본 사람들이 만들어 쓰던 용어다. 예전에는 우리도 이런 용어를 썼고, 일제 식민지 시절 당시 신문기사를 보면 '동정파업'이라는 말이 종종 등장한다. 해방 후에도 한동안 같은 용어를 썼고, 간혹 노동 관련 논문에 등장하긴 하지만 지금 노동현장에서 저런 말을 쓰는 사람은 거의 없다.

동정파업을 요즘 쓰는 표현으로 하면 동조파업이나 연대파업 같은 말이 적당하며, 실제로 그렇게 쓰고 있다. 그렇다면 두 낱말은 국어사전에 실려 있을까? '연대파업'은 『표준국어대사전』에는 없고 『고려대한국어대사전』에는 실려 있다. 하지만 '동조파업'이라는 말은 어느 사전에도 아직 실리지 않았다. 아무도 쓰지 않는 이상한 용어 대신 실제 언어생활에 맞는 용어를 찾아서 싣는 수고를 해주면 좋겠다.

¶피케팅(picketing): 〈사회 일반〉 노동 쟁의 때에, 조합원들이 공장이나 사업장의 출입구에 늘어서거나 스크럼을 짜서 파업의 방해자를 막고 동료 가운데 변절자를 감시하는 일.

『표준국어대사전』과 『고려대한국어대사전』이 같은 풀이를 달고 있으나 보통 사람들이 알고 있는 뜻과는 너무나 거리가 멀다. 국어사전 편찬자들은 왜 저런 풀이를 하게 되었을까? 국어사전에서 '피켓'을 찾으니 기본 뜻 외에 '노동 쟁의 때에, 내부에 변절자가 생기지 아니하도록 하기 위하여 노동자 측에서 내보내는 감시인'이라는 풀이가 하나 더 나온다.

피켓과 피케팅이라는 말은 서양에서 위 풀이와 같은 뜻을 지닌 용어로 사용하고 있다. 우리도 노동 용어 사전 같은 걸 보면 비슷한 뜻으로 설명하고 있기도 하다. 하지만 노동 현장에서는 그런 뜻으로 피켓이나 피케팅이라는 말을 사용하지 않는다. 우리 국어사전이 그런 실정을 무시하거나 외면하고 있다는 얘기다. 하나 더 짚을 건 그렇게 된 이유가 일본어사전에 실린 풀이를 그대로 가져왔기 때문이라는 사실이다. 일본어사전에서 피케팅을 찾으면 피켓과 동의어라고 나오며, 피켓 항목에서 다음과 같이 풀이하고 있다.

¶ピケット(英picket): 労働争議の際、会社・事業所などの出入口に立番し、裏切者や妨害がないように見張ること.

(번역) 노동쟁의 때 회사나 사업장 등의 출입구에 서서 지키며 배반자나 방해가

없도록 감시하는 일.

그런데 피케팅은 노동자들만 사용하는 용어일까?

▶5일 오전 새해 첫 국민연금 기금운용위원회가 열린 서울 중구 더플라자호텔 앞에서 참여연대 관계자들이 국민연금의 수탁자 책임 방기 규탄 및 주주 활동 촉구 피케팅을 하고 있다.(연합뉴스, 2020.2.5.)

이 기사에서 보는 것처럼 피케팅은 노동자들뿐만 아니라 시민단체에서도 많이 사용하는 시위 방법이며, 일반인들도 얼마든지 자신의 주장을 알리기 위해 사용할 수 있다. 따라서 이러한 의미를 뜻풀이에 추가해 주어야 한다.

짚을 게 한 가지 더 있다.

¶피켓 라인(picket line): 〈사회 일반〉 노동 쟁의 때에, 파업 이탈자를 감시하기 위한 감시선.

앞에서 검토한 피케팅과 맥락을 같이 하는 용어다. 이 용어도 일본어사전에 '파업 방해를 막기 위한 감시선'이라는 정도의 뜻을 갖고 실려 있다. 서양에서 먼저 만든 용어고, 우리도 서양의 노동운동 사례를 소개할 때 피켓 라인이라는 말을 그런 식으로 사용하기는 한다. 하지만 우리나라에서는 대개 피켓을 들고 길게 늘어선 줄 정도의 뜻으로 사용할 뿐이다.

¶임금커트(賃金cut): 경제 쟁의 행위나 동맹 파업을 한 노동자에 대하여 노동력을 제공하지 아니한 만큼의 임금을 급여에서 빼는 일.

이 용어가 『고지엔^{広辞苑}』에 이렇게 나온다.

¶ちんぎん-カット(賃金カット): 業績不振やストライキ中などの理由で賃金を差し引くこと.
(번역)실적 부진이나 파업 등의 이유로 임금을 공제하는 것.

우리는 이런 용어 대신 무노동무임금이라는 말을 쓴다.

¶노동협약(勞動協約): 〈법률〉 노동조합과 사용자 또는 사용자 단체 사이에 체결하는 자치적인 법규. 노동조합 및 노동 관계 조정법에 따라 서면(書面)으로 작성하여 당사자 쌍방이 서명하고 날인하여야 하며, 체결일부터 15일 이내에 행정관청에 신고하여야 한다.

『표준국어대사전』에 떡하니 올라 있다. 그것도 '법률'이라는 분류 항목을 달고서. 하지만 우리나라 노동 관련 법률에서는 '단체협약'이라는 용어를 쓴다. '단체협약'이 같은 뜻으로 『표준국어대사전』에 실려 있긴 하지만, 둘을 동의어로 처리해서 함께 올릴 일은 아니다. 대체 왜 우리 국어사전이 일본어사전을 대리해야 하는 걸까?

문제는 이런 경우가 하나둘이 아니라는 점이다. 『표준국어대사전』에 실린 아래 낱말들은 모두 일본 사람들이 만들었지만 우리나라 노동운동계에서는 사용하지 않고 있다.

¶생산관리투쟁(生産管理鬪爭): 〈사회 일반〉 노동조합이 공장의 설비, 자재 따위를 직접 관리하고 회사 측의 명령에 따르지 아니하는 노동 쟁의의 방법.

¶생활투쟁(生活鬪爭): 〈사회 일반〉 노동조합이 일반적인 사회생활의 영역에서 전개하는 운동. 주로 사회 보장 제도의 확충을 요구한다.

¶직장투쟁(職場鬪爭): 〈사회 일반〉 노동 조건의 개선 등 일상의 구체적인 요구에 관한 조합원의 투쟁을 조합 전체의 투쟁으로 끌어올리는 활동.

¶직장포기(職場抛棄): 〈사회 일반〉 쟁의 전술의 하나. 노동자가 집단적으로 직장을 이탈하거나 업무의 수행을 일시적으로 불가능하게 하는 일을 이른다.

¶직장위원(職場委員): 〈경제〉 직장 노동조합 또는 노동자를 대표하여 직장의 문제를 경영자와 교섭하는 사람. 같은 직장의 조합원 또는 노동자 가운데서 선출되거나 조합에 의하여 지명되며, 조합원들의 이익을 대표하는 기능과 집행 기관의 기능을 한다.

¶지역투쟁(地域鬪爭): 〈사회 일반〉 노동 운동 전술의 하나. 노동자가 직장 투쟁을 더욱 발전시켜서 그 지역 주민과 합심하여 지방 권력에 대항한다.

¶조건투쟁(條件鬪爭): 〈사회 일반〉 사회 운동이나 노동 쟁의 따위에서, 처음의 요구를 관철하기가 어렵거나 권력자나 사용자 측이 어느 정도의 양보를 하여 일정한 조건이 획득되었을 때에 투쟁을 종결하려고 교섭을 진행하는 일.

¶동맹해고(同盟解雇): 〈사회 일반〉 같은 업종의 기업주들이 노동자의 요구를 물리치기 위하여 서로 단결하여 한꺼번에 많은 노동자를 해고하는 일.

¶쟁의단(爭議團): 〈법률〉 노동조합이 결성되지 아니한 사업장에서 근로자가 쟁의 행위를 목적으로 일시적으로 만드는 단체.

이 낱말들이 더러 노동 관련 용어를 모아놓은 사전에 실려 있기는 하나, 일본 책에 나오는 용어들을 그대로 베끼거나 번역해서 만

든 것으로 보인다. 그걸 또 우리 국어사전에 고스란히 끌고 들어왔
으니 대체 어쩌자는 말인지 모르겠다. '직장위원'은 일본어사전에는
없지만 일본에서 간행한 백과사전에 올라 있다. 우리는 '근로자위
원'이나 '노동자위원'이라는 말을 써왔다. '생활투쟁' 대신 우리는 '사
회개혁투쟁' 같은 용어를 쓴다.

쟁의단爭議團은 1920~30년대 신문에 자주 등장하기는 하는데, 모
두 일본에서 벌어진 노동자들의 투쟁 소식을 전달하는 기사에 쓰
였다. 쟁의와 관련해서 이상한 낱말 하나를 더 소개한다.

¶가정쟁의(家庭爭議): 〈법률〉 '집안싸움'을 전문적으로 이르는 말. ≒가족 쟁의.

이 말이 정말 법률 용어로 사용되고 있을까? 가사 문제를 전문
으로 하는 변호사에게 물어봐도 고개를 저을 게 분명하며, 우리는
보통 '가사 분쟁'이라는 표현을 쓴다. 이상야릇한 이 용어 역시 일본
어사전에 실려 있다.

¶家庭争議: (労働争議になぞらえていう) 家庭内のもめごと. おもに夫婦の不和につ
いていう.
(번역) (노동쟁의에 빗대어서) 가정 안의 문제나 부부간의 불화를 말한다.

이 말이 우리나라에서 아주 안 쓰였던 건 아니다. 1930년대 신
문을 보면 가정쟁의라는 표현이 더러 나온다. 일본에서 들여와 잠
시 사용된 적이 있었다는 얘긴데, 이런 식으로 일본식 표현이 들어
온 예는 흔하다. 그리고 다수가 그랬듯 해방 이후에는 자취를 감추

었다. 그러므로 국어사전에 올리더라도 예전에 잠시 사용하던 일본식 표현이라는 설명을 붙여주었어야 한다.

¶흡반투쟁(吸盤鬪爭): 노동조합의 투쟁 방법 가운데 직장을 지키며 하는 투쟁.

흡반吸盤은 빨판이라는 뜻인데, 빨판처럼 직장에 달라붙어서 투쟁한다고 해서 만든 말인 모양이다. 하지만 너무 이상하고 어색한 표현 아닌가?

더구나 풀이에 나오는 '직장을 지키며 하는 투쟁'이라는 게 정확히 어떤 방식을 뜻하는지 모호하다. 직장 밖으로 나가지 않고 직장 안에서만 하는 투쟁인지, 직장 점거 투쟁을 말하는 건지, 직장폐쇄에 맞서 직장을 지키기 위해 하는 투쟁인지 헷갈린다. 쓰지도 않는 말을 국어사전에 고이 모셔 두는 까닭을 모르겠다.

이 용어는 쓰인 용례를 찾기도 힘들거니와 일본 사이트에서 검색을 해봐도 보이지 않는다. 출처를 알 수 없을 만큼 오리무중에 빠지게 하는 저 낱말을 대체 어디서 가져왔는지 너무 궁금하다.

노동조합과 노동자

노동조합도 성격과 조직 방식에 따라 무척 다양한 형태가 존재하고, 그만큼 조합을 지칭하는 용어도 많다.

¶종단조합(縱斷組合): 〈경영〉한 기업체의 자본가와 노동자가 공동으로 조직한 조합.

¶횡단조합(橫斷組合): 〈경영〉개별 기업체의 테두리를 벗어나서 조직한 조합. 직업별 조합, 산업별 조합 따위가 있다.

¶혼합조합(混合組合): 〈경제〉노동조합 유형의 하나. 노동자뿐만 아니라 관리부 내의 직원도 섞여 있다.

¶합동노동조합(合同勞動組合): 〈경제〉중소 영세 기업에 근무하는 둘 이상의 노동자가 개인 가입의 형태로 지역별로 조직하는 노동조합.

¶공산조합(共産組合): 〈경제〉노동자들이 적은 자본으로 회사를 조직하고, 공동으로 생산에 종사하며 품삯과 자본에 대한 배당을 받도록 조직한 조합.

횡단조합이나 종단조합 같은 말은 일제 식민지 시기에 더러 사용한 예가 보이지만, 그렇다면 예전에 쓰던 말이라는 설명이라도 달아주었어야 한다. 공산조합共産組合은 일본어사전에도 보이지 않는데, 1920년대에 일본에서 잠시 일어났다 사라진 조합운동이다. 더 이상한 조합 이름도 『표준국어대사전』에 보인다.

¶구제조합(救濟組合): 〈복지〉 가난하거나 곤경에 빠진 노동자를 돕기 위하여 기업주와 노동자가 협동하여 만든 조합.

우리에게 이런 형태를 띤 조합이 있을까? 고개를 저을 수밖에 없다. 이 용어는 『일본국어대사전日本国語大辞典』에 다음과 같이 나온다.

¶救済組合: 第二次世界大戦前、災害、不幸などに直面した労働者の救済を目的として結成された組合.
(번역) 제2차 세계대전 전에 재해와 불행에 직면한 노동자들을 구제할 목적으로 결성한 조합.

우리도 같은 명칭을 사용한 조합이 있기는 했다. 옛 신문기사 몇 개를 보자.

▶조선에서는 농민 구제조합救濟組合을 조직하야 매년 백이십만 원의 자금으로 5개년에 긍亘하야 적빈자赤貧者 1명에 이십원씩을 일분一分 이자로 대부한다고…(조선일보, 1928.4.17.)
▶강경江景은 해륙 물산의 집산지로 이를 운수하기 위하야 매일 수백 목선이 집중되는 곳인 바 선업원 등이 불의의 환난이 잇슬지라도 하등 구제 기관이 업슴을 유감으로 생각한 당지 유지 최선경, 김덕현 외 제씨의 발기로 강경 선입원

구제조합 창립 준비에 매우 노력한 결과…(1929.10.30. 조선일보)

　　각각 농민과 선원을 돕기 위해 만든 조합에 대한 기사임을 알 수 있다. 국어사전에 나오는 것처럼 노동자들을 돕기 위해 기업주와 노동자가 함께 만든 구제조합은 옛날에도 없었고 지금도 없다. 일제 식민지 시기에 지역 유지들이 가난하거나 어려운 사람들을 위해 자발적으로 만든 구제조합이 있었을 뿐이다.

　　한편 노동조합을 제대로 운영하려면 노동조합 일만 전담하는 사람이 있어야 한다. 이런 사람들을 뭐라고 부를까?

　　¶조합전종자(組合專從者): 〈법률〉 취업은 아니하고 노동조합의 업무를 맡아보는 사람. 사용자와의 고용 관계는 유지되지만 휴직으로 취급한다.

　　노동조합 활동을 하는 사람 중에 이 용어를 들어본 사람이 얼마나 될까? 노동조합 및 노동 관계조정법 제24조는 '노동조합의 전임자'에 대한 규정을 담고 있다. 우리 법률에 없는 '조합전종자'라는 낱말은 일본어사전에 나온다. 『고지엔広辞苑』에 나오는 풀이를 보자.

　　¶組合專從者: もっぱら労働組合の管理運営などの仕事に従事する者。仕事の範囲は労働協約その他の労使間協定により決められる
　　(번역) 오로지 노동조합의 관리 운영 등의 업무에 종사하는 자. 업무의 범위는 노동협약 기타 노사 간의 협정에 의해 결정된다.

　　일본 사람들이 쓰는 용어를 왜 우리 국어사전에 올려놓은 걸

까? 더구나 풀이에 나온 '취업은 아니하고'라는 구절은 현실에 맞지 않는 말이다. 조합 활동을 하는 사람들도 당연히 직장에 속한 종업원이기 때문이다. 우리는 취업이라는 낱말을 직장을 얻는 것 즉 취직의 뜻으로 사용하지만 일본어사전에서는 직장에서 맡은 업무에 종사한다는 뜻으로 풀이하고 있다. 예문으로 '아침 8시에 취업한다' 같은 문장을 제시하고 있기도 하다. 같은 한자어지만 사용하는 용법이 서로 다르다. 『일본국어대사전^{日本国語大辞典}』의 '組合専従者' 풀이에 나오는 '実際上は就業しないで(실제로는 취업을 안 하고)'라는 구절을 아무 생각 없이 인용해서 가져왔기 때문에 벌어진 일이다.

우리는 '조합전임자'라는 말을 사용하는데, 이 말은 『표준국어대사전』에서는 찾을 수 없고 『고려대한국어대사전』에만 표제어로 올라 있다.

국어사전에 실렸지만 실제로는 일본 사람들이 만들어서 자신들의 사전에 올려놓은 노동조합 관련 용어 몇 개를 더 보자.

¶노동조직(勞動組織): 〈법률〉 국가의 노동 자원을 동원하며 근로자들의 노동을 효과적으로 이용하기 위하여 여러 가지 사업을 하는 조직.

¶노력이전(勞力移轉): 〈경영〉 나이가 많고 임금이 높은 노동자를 해고하고 대신 임금이 낮은 노동자를 고용하여 임금 지급을 줄이는 일.

¶노동금고(勞動金庫): 〈경제〉 노동조합이나 그 밖의 노동자 단체가 서로 협동하여 조직하는 금융 기관. 영리를 목적으로 하지 아니하고, 노동자 단체의 사업이나 노동자의 생활 안정을 지원한다.

유럽이나 미국은 물론 일본에서도 노동금고를 운영하고 있으나 우리는 아직 제도를 도입한 적이 없다. 그런 사실을 풀이에서 밝혀 주었어야 하며, 일본 사람들이 만든 용어로 줄여서 노금^{勞金}이라고 도 한다.

¶사고경성(事故傾性): 〈사회 일반〉 노동 재해에서, 다른 사람보다 재해를 일으키 거나 사고를 당하기 쉬운 개인의 특성.

우리는 이런 용어를 안 쓰며, 일본 학자들이 쓴 노동 재해 관 련 논문에 많이 나온다. 영어로는 'accident proneness'라고 하는데, 1910년대 영국의 산업피로연구소 연구자들이 만들어 쓰기 시작한 용어다. 그걸 일본 사람들이 번역해서 사용하기 시작한 게 '사고경 성^{事故傾性}'이다. 우리로서는 무얼 뜻하는 말인지 언뜻 이해하기 어려 운 번역어이다.

그렇다면 어떻게 번역해서 사용하는 게 좋을까? 운전적성 정 밀검사를 하는 목적으로 내세우는 게 교통사고 경향성^{Traffic accident proneness}을 알아보기 위함이라고 한다. 여기에 'accident proneness' 가 쓰이고 있으며, 그걸 '사고 경향성'이라고 번역했다. '사고경성'보 다는 '사고 경향성'이 훨씬 알아듣기 쉽다.

이와 함께 산업안전을 다루는 분야에서는 '재해성향^{災害性向}'이라는 용어를 쓴다. 그리고 이 말은 〈우리말샘〉에 다음과 같이 실려 있다.

¶재해성향(災害性向): 〈사회 일반〉 재해를 일으키기 쉬운 성향.

이러한 성향을 지닌 근로자의 심리적 원인을 일괄하여 말할 수

없지만, 어떤 일에 꾸준히 정신을 집중하지 못하고 주의가 산만한
사람은 재해를 일으키기 쉬운 편이다.

製졩는글지슬씨니御엉製졩는님금지스샨
그리라訓훈은ᄀᆞᄅᆞ칠씨오民민은百ᄇᆡᆨ姓셩
이오音ᅙᅳᆷ은소리니訓훈民민正졍音ᅙᅳᆷ
은百ᄇᆡᆨ姓셩ᄀᆞᄅᆞ치시논正졍ᄒᆞᆫ소리라

國귁之징語ᅌᅥᆼ音ᅙᅳᆷ이國귁ᄋᆞᆫ나라히라之징ᄂᆞᆫ
나랏말ᄊᆞᆷ이겨지라語ᅌᅥᆼ音ᅙᅳᆷ은말ᄊᆞᆷ이라

異ᅌᅵᆼ乎ᅘᅩᆼ中듕國귁ᄒᆞ야異ᅌᅵᆼᄂᆞᆫ다ᄅᆞᆯ씨라乎ᅘᅩᆼ

〔—버신〕 (명) 총 놓는
금제한 사람을 경멸해 일컬

논을 새로 만듦.
(명)(하타) 낱낱마다. 하나에. ¶ ~ 20
(명)(뭐) 치마의 주름. └원.
]ner〕 (명) 깨우쳐 인도함.
(명)(하타) ↗개발 도상국.

〔開途國〕 (명) 사막 잡신 야훼를 섬기는
]단. 개신기독교의 준말로 욕처럼 사용.
민족을 부정하고 야훼에 의해 흙으로
어 졌다는 망발을 일삼으며 개념을 상실한
우천국 불신지옥이라는 극단적인 사상을 가
있으며 과학자들에 의하면 아메바에서 바
신화되었을 것으로 추정됨.

:~돼지 (명) ①개 와 돼지. ②개 나 돼
〔褹期〕(명) ①가첨 석(加檐石).

사회왕제와 사회국가

『표준국어대사전』에서 낯설거나 이상한 낱말을 발견하면 과연 그런 말이 언제, 어디서, 어떻게 사용되었고, 누가 만든 말인지 찾아보곤 한다. 대체로 내가 잘 모르는 분야일 경우가 많다. 그러다 보니 자연스레 다양한 분야를 공부하는 계기가 되기도 한다. 물론 깊이 있는 공부라기보다는 수박 겉핥기일 수밖에 없는 한계를 지니고는 있다. 그런 한계 속에서도 국어사전이 지닌 부실함이나 오류를 찾아내는 작업을 이어 가고 있는 중이다. 아래 낱말의 정체를 추적하는 과정 역시 마찬가지였다.

¶사회왕제(社會王制): 〈사회 일반〉 국왕의 권력이나 은혜에 의하여 위로부터 사회주의를 실현하려고 하는 이론. 또는 그 체제.

풀이에 나오는 '국왕'과 '사회주의'가 어떻게 연결될 수 있는지 상상하기가 쉽지 않았다. 그렇다면 저 풀이는 분명히 문제가 있을 거라는 생각을 했다. 더구나 '사회왕제'라는 표제어 자체도 너무 낯선 데다, 이리저리 찾아봐도 용례가 거의 보이지 않았다.

어렵게 찾아가다 만난 사람이 독일의 로렌츠 폰 슈타인$^{Lorenz\ von}$ $^{Stein(1815~1890)}$이다. 국가학의 권위자로 알려진 그는 서양의 정치학자들만이 아니라 일본인들에게도 꽤 많은 영향을 미쳤다. 메이지 유신을 이끌고 있던 이토 히로부미^{伊藤博文}는 1882년에 '유럽헌법조사단'을 인솔하고 유럽 여러 나라를 방문했다. 근대국가의 기틀을 마련하기 위해서는 유럽의 앞선 국가 제도를 배울 필요가 있었기 때문이다. 이때 독일에서 슈타인을 만나 국가와 헌법에 대한 강의를 듣고, 독일식 헌법 모델이 일본에 가장 적합하다는 판단을 내렸다. 그런 다음 슈타인에게 일본 헌법의 기초를 만들어 줄 것을 부탁했고, 슈타인은 자신이 정리한 내용을 베를린에 있던 일본 대사관을 통해 일본에 전달했다. 물론 슈타인이 기초한 내용이 일본 메이지 헌법을 모두 규정한 건 아니지만, 상당한 영향을 미친 것만은 분명하다.

슈타인이 국가의 역할에 대해 지니고 있던 견해를 간단히 정리하면 국가는 사회 정의를 실현하는 기구가 되어야 하며, 그러기 위해서는 평등과 분배가 중요하다는 생각을 가졌다고 할 수 있다. 그걸 실현하기 위해 국가의 행정 조직이 근대적인 체계를 갖추어야 한다는 걸 강조했다는 사실도 빼놓을 수 없다. 그래서 슈타인을 일러 사회국가의 원류라는 말과 함께 사회적 시장경제의 이론적 배경을 제시했다고도 평가한다.

'사회왕제^{社會王制}'라는 말은 일본 사람들이 슈타인의 이론을 도입해서 만든 말이다. 하지만 슈타인의 이론은 '사회국가'라는 개념에 더욱 들어맞는다. 이 용어도 『표준국어대사전』에 실려 있다.

¶사회국가$(社會國家)$: 〈사회 일반〉 국민 각자의 인간다운 생존을 보장할 것을

임무로 하는 국가. 또는 사회 정의의 실현을 목적으로 하는 국가.

'사회왕제^{社會王制}'라는 용어는 어떻게 해서 만들어졌을까? 슈타인이 살고 있던 당시의 독일은 군주제였고, 일본도 메이지 헌법을 만들면서 천황제를 유지하기로 했다. 영국이나 프랑스의 공화정처럼 국가가 국민으로부터 주권을 위임받는 형식은 일본 현실에 맞지 않으며, 국민의 힘을 하나로 모아 부국강병을 이루기 위해서는 천황이라는 구심점이 필요하다고 보았기 때문이다. 이러한 조건이 '왕제王制'라는 용어를 만들게 된 배경이다.

『표준국어대사전』에 나온 '사회왕제^{社會王制}'의 풀이는 본래 용어의 개념과 너무 동떨어져 있다. 마치 군주의 시혜에 의해 국가와 사회를 운영해 나가는 것처럼 서술했는데, 그보다는 법에 의거한 국가의 역할을 더 중요하게 여긴 게 슈타인의 이론이다. 그리고 '사회주의'라는 표현도 너무 나갔다. 불평등의 배제와 국민 특히 약자에 대한 국가의 보호 책임을 강조해서 사회주의적 성격이 아주 없는 건 아니지만 우리가 지금 이해하는 사회주의라는 체제와는 관련이 없다. 슈타인의 이론이 마르크스의 사상에 영향을 끼친 건 사실이지만, 한편으로 슈타인은 동시대 사람인 마르크스를 그다지 신뢰하지 않았다고 한다.

일본 사람들이 근대 초기에 로렌츠 폰 슈타인의 이론을 받아들여서 그들 자체의 천황제에 맞춰 변형시킨 용어가 '사회왕제^{社會王制}'다. 정작 일본어사전에는 나오지 않고 일본의 백과사전에서만 겨우 찾아볼 수 있는 용어를 별 고민 없이 우리 국어사전 안으로 끌어들이면서 조리에도 맞지 않는 풀이를 달아놓았다.

국회와 정치 관련 용어

민주주의는 삼권분립을 기본으로 하며 삼권을 행사하는 주체는 행정부, 입법부, 사법부로 구성된다. 이때 입법부 역할을 하는 게 국회다. 우리는 해방 후에 비교적 순조롭게 국회를 설치했는데, 그건 서양과 일본 등에서 먼저 만들어 시행하던 민주주의 제도를 그대로 들여왔기 때문이다.

¶국회운동(國會運動): 〈정치〉 국회의 설치를 요구하는 민중 운동.

앞에서 말한 것처럼 우리는 국회를 설치하라는 요구를 내건 운동을 펼친 적이 없다. 그렇다면 『표준국어대사전』에 실린 국회운동이라는 표제어는 어디서 왔을까?

¶国会開設運動: 国会の開設を要求した民衆運動. 1874年(明治7)板垣退助らによってなされた民撰議院設立の建白に始まる. しばしば政府はこれを弾圧したが、81年10月12日国会開設の詔勅を下した. →国会期成同盟→自由民権運動.

(번역) 국회의 개설을 요구한 민중운동. 1874년(메이지7) 이타가키 타이스케(板垣

退助) 등에 의해서 이루어진 민찬의원 설립의 건의로 시작된다. 종종 정부는 이것을 탄압했지만, 1881년 10월 12일 국회 개설의 조칙을 내렸다. →국회기성동맹→자유민권운동.

일본어사전에 있는 것처럼 '국회개설운동'이라고 하면 쉽게 알아들을 텐데, 왜 중간을 잘라먹고 어설픈 줄임말을 썼는지 모르겠다. 일본어사전의 풀이 뒤에 참조어로 국회기성동맹과 자유민권운동을 제시했다. 기성동맹이 국어사전에 있다.

¶기성동맹(期成同盟): 어떤 일을 이루기 위하여 뜻이 같은 사람들이 모여 조직한 동맹.

일본에는 다양한 목적을 이루기 위해 만든 여러 형태의 기성동맹이 있었고, 그중의 하나가 국회 개설을 목표로 만든 국회기성동맹이었다. 일제 식민지 시기에는 우리도 몇몇 기성동맹을 만들었다는 기록이 있으나 해방 후에는 아무도 그런 명칭을 쓰지 않았다. 자유민권운동은 메이지 시대에 국회개설과 민주주의 제도를 도입할 것을 요구하는 국민들의 정치운동을 일컫는 용어다.
국회와 관련한 용어들을 잠시 살펴보자.

¶원외운동(院外運動): 〈정치〉 선거인들이 특정한 법률의 제정에 대하여 선출 의원에게 영향을 미칠 목적으로 벌이는 운동.
¶원외투쟁(院外鬪爭): 〈정치〉 국회 밖에서 하는 정치 투쟁. 시위나 청원 따위가 있다.

¶원외단(院外團): 〈정치〉 의사당 밖에서 의원이 아닌 정당원으로 구성된 단체.

원외운동과 원외투쟁은 풀이를 다소 다르게 했지만 내용상 같은 말이다. 원외투쟁 풀이에 청원이라는 말이 나오는데 그건 국회의원이 아니라 국민들이 하는 일이다. 일본어사전에 원외운동은 표제어에 없지만 다른 두 낱말은 실려 있다.

¶院外闘争: 国会の外で行なわれる大衆の政治活動. デモ、請願など.

(번역) 국회 밖에서 행해지는 대중의 정치 활동. 시위, 청원 등.

¶院外団: 国会議員以外の政党員で構成する集団.

(번역) 국회의원 이외의 정당원으로 구성된 집단.

일본에서 사용하는 원외투쟁과 우리가 사용하는 원외투쟁의 개념은 다르다. 언론에 나오는 기사를 보자.

▶미래통합당이 176석 더불어민주당에 대항하기 위해 원내투쟁을 넘어 원외투쟁 카드를 만지작거리는 모습이다. 인해전술을 무기로 본격적인 입법 독주에 나선 민주당에 더는 속수무책으로 당할 수 없다는 위기의식에서다.(시사위크, 2020.7.29.)

같은 기사의 뒷부분은 이렇게 되어 있다.

▶주 원내대표는 회의 직후 브리핑을 통해 "장내·외 투쟁을 병행하되 장외투쟁 방법은 구체적으로 더 고민하겠다"고 말했다.

우리가 사용하는 원외투쟁은 대중투쟁이 아니라 국회의원들이 국회를 벗어나 벌이는 투쟁이고, 국회 안에서 벌이는 투쟁은 원내투쟁이라고 한다. 하지만 원내투쟁이라는 말은 국어사전 안에 없다.

¶장외투쟁(場外鬪爭): 〈정치〉 국회 밖에서 하는 정치 투쟁. 시위나 청원 따위가 있다.

원외투쟁과 같은 뜻으로 풀었는데, 역시 같은 오류를 범하고 있다. 장외투쟁의 상대어는 장내투쟁인데, 이 말 역시 국어사전 안에 없다.

다음은 일본에서 여러 정치 형태를 가리킬 때 사용하는 낱말들이다.

¶작문정치(作文政治): 시정(施政) 방침만 늘어놓고 실제로는 시행하지 못하는 정치를 비유적으로 이르는 말.

¶作文政治: 方針ばかり並べたてて実行されることがまれな政治を皮肉っていう.

(번역) 방침만 늘어놓고 실행되는 일이 드문 정치를 꼬집어 말한다.

¶합중정치(合衆政治): 〈정치〉 국민 전체의 합의에 의한 정치.

¶合衆政治: 国の主権者たる国民全体の合意による政治. 民主政治.

(번역) 나라의 주권자인 국민 전체의 합의에 의한 정치.민주 정치.

¶규벌정치(閨閥政治): 처의 친척이 권력의 중심을 이루는 정치.

¶閨閥政治: 婚姻関係を中心として結ばれたものによって行なわれる政治.

(번역) 혼인 관계를 중심으로 이루어진 정치

규벌閨閥은 일본에서 주로 사용하는 낱말인데, 처가 쪽 친척으로 이루어진 집단을 말한다.

¶ 공하정치(恐嚇政治): 〈정치〉 반대파의 세력을 가혹한 수단으로 탄압하여 사회에 극도의 공포 분위기를 조성하는 정치.=공포 정치.

이 말은 일본어사전에도 나오지 않을 만큼 생소한 용어로, 일본 쪽 정치 논문에 더러 등장한다. 일제 식민지 시기에 우리도 저 말을 받아서 잠시 사용하긴 했지만 지금은 그런 용어가 있었는지도 모르는 사람이 태반이다.

¶ 통상의회(通常議會): 〈정치〉 정기적으로 소집되는 국회. 우리나라의 경우 국회법에 따라 매년 한 번씩 100일간의 회기로 소집된다.=정기 국회.

정기국회를 통상의회라는 말로 부르는 게 사실일까? 통상의회라는 말은 일본에서 메이지 유신 이후 만들어진 제국의회에서 사용하던 용어다. 그래서 일제 식민지 시기에 일본의 정가 소식을 전하는 신문기사에 가끔 등장한다. 제2차 세계대전 패망 후 1947년에 새로운 일본국 헌법이 만들어졌으며, 그때부터는 통상국회通常國會라는 용어를 사용하고 있다. 우리는 국회 운영과 관련해서 통상의회라는 말을 사용한 적이 없다.

¶위원부탁(委員附託): 〈법률〉 의회 같은 데에서 토의할 안건의 심사를 전문 위원에게 부탁하는 일.

국회의원들에게 이런 말을 들어본 적이 있냐고 물으면 어떤 대답이 나올까? 이 말도 일본 제국의회 때 사용하던 용어로 당시 우리 신문에 가끔 등장하긴 했다. 역시 일본 소식을 전하는 기사에서만 드물게 쓰였다. 일본 제도와 법률에만 있던 용어들이 우리 국어사전에 무척 많이 실려 있다. 하지만 대부분 그런 사실을 서술하고 있지 않아 마치 우리가 사용하던 혹은 지금도 사용하고 있는 용어인 것처럼 받아들일 소지가 많다. 그런 구분을 해주는 게 국어사전의 당연한 역할이 아닐까?

¶수장주의(首長主義): 〈행정〉 의회와 행정 기관의 우두머리를 따로 선출하여 서로 견제하도록 함으로써 국정의 공정한 운영을 꾀하는 태도. 또는 그런 원칙. 주권의 이원화로 두 기관이 대립할 경우 국정이 마비될 위험이 있다.

이런 용어도 우리는 사용하지 않으며 일본 사람들이 쓰는 말이다. 수장주의首長主義라고도 하지만 그보다는 수장제首長制라는 말을 많이 쓴다. 『다이지린大辞林』에 이렇게 나온다.

¶首長制: 公選された議員で構成される議会に対して, 公選された首長を置き, 両者の牽制と均衡によって政治・行政の公正な運用を期する制度。日本では, 国では議院内閣制を採用しているが, 地方公共団体では首長制を採用している.
(번역) 공식 선출된 의원으로 구성된 의회에 대해서. 공식 선출된 수장을 두어,

양자의 견제와 균형에 의해서 정치·행정의 공정한 운용을 기하는 제도. 일본에서는 국가에서는 의원 내각제를 채택하고 있지만, 지방공공단체에서는 수장제를 채택하고 있다.

수장주의首長主義나 수장제首長制는 오해의 소지가 많은 용어다. 고대 사회는 대개 그 사회의 우두머리인 수장首長이 모든 권한을 가지고 집단을 이끌어갔으며, 그런 통치 방식을 수장제라고 하는 이들도 있기 때문이다.

¶도각운동(倒閣運動): 〈정치〉 집권 내각을 넘어뜨리려는 반대파의 정치 운동.

¶유산내각(流産内閣): 〈정치〉 조각(組閣)을 위촉받은 사람이 각료의 인선을 뜻대로 하지 못하여 그 구성에 실패한 내각.

우리는 대통령중심제를 택하고 있기 때문에 의원내각제를 택하고 있는 일본과 정치제도가 다르다. 두 낱말은 당연히 일본에서 쓰던 용어고, 도각운동은 이승만 대통령 하야 후 들어선 제2공화국 시절에 내각책임제를 도입했는데, 그때 잠시 등장하긴 했다. 유산내각이라는 말도 일제 식민지 시기에 일본의 정치 상황을 설명하기 끌어들인 적이 있긴 하다.

¶각내상(閣内相): 〈정치〉 영국에서, 각의(閣議)에 항상 참여하는 17~18명의 주요 각료.

¶각외상(閣外相): 〈정치〉 영국에서, 각의(閣議)에 참석하지 않는 15~20명의 각료.

우리는 행정부를 대표하는 각료를 장관이라고 하지만 일본은 '상相'이라는 말을 붙여 외무상, 내무상, 관방상 등으로 지칭한다. 위에 예시한 '각내상閣內相'과 '각외상閣外相'도 일본 사람들이 만든 표현이다.

¶대외연(對外軟): 〈정치〉 국제 정치에서 다른 나라에 대하여 부드러운 태도를 취하는 일.

¶대외경(對外硬): 〈행정〉 국제 정치에서 다른 나라에 대하여 강경한 태도를 취하는 일.

같은 계열의 낱말인데 왜 분류 항목이 하나는 정치고 다른 하나는 행정일까? 그런 의문은 제쳐 두더라도 딱 봤을 때 우리가 사용하는 용어가 아닐 거라는 느낌부터 오지 않을까? 일본어사전에 대외연은 없고, 대외경만 그것도 일부 사전에만 실려 있다. 『다이지린大辭林』에 나오는 풀이를 보자.

¶対外硬: 明治初期の条約改正問題で, 列国に譲歩しながら条約改正を実現しようとする政府に反対して, 強硬な外交の推進を要求する主張.
(번역) 메이지 초기의 조약 개정 문제에서 각국에 양보하면서 조약 개정을 실현하려는 정부에 반대하여 강경한 외교 추진을 요구하는 주장.

대외경対外硬이라는 용어가 나오게 된 배경까지 자세히 설명하고 있다. 일제 식민지 시기 신문에 대외경이라는 말이 더러 등장하고, 그래서 국어사전에 실었을 테지만, 이 말이 어떻게 해서 생긴 건지 국어사전 편찬자들이 알고는 있었을까?

> ¶해직청구제(解職請求制): 〈행정〉 임기가 끝나기 전에 국민 또는 주민의 발의로
> 공무원을 파면하는 제도.=소환제.

일본에서 사용하는 용어로, 대부분의 일본어사전에 표제어로
실려 있다. 신문기사 하나를 보자.

> ▶지난 2019년 8월 '아이치(愛知) 트리엔날레 2019'행사에서 평화의 소녀상 전시
> 에 불만을 품은 우익세력은 전시를 옹호한 오무라 지사를 몰아내기 위해 일
> 종의 주민소환제인 지방자치단체장 해직청구제, 이른바 '리콜'운동을 벌였습니
> 다.(KBS, 2021.2.16.)

기사에서 해직청구제를 말하며 '일종의 주민소환제'라는 표현을
썼다. 그렇게 한 이유는 해직청구제가 일본 용어고, 우리는 주민소
환제라는 용어를 사용하기 때문이다.

> ¶프레임 업(frame up): 〈정치〉 정치적 반대자 등을 대중으로부터 고립시켜 탄압
> 하고 공격할 목적으로 사건 따위를 날조하는 일.
> ¶フレームアップ(frame-up): 事件を捏造したり, 犯人にしたてあげたりすること.
> でっち上げ.
> (번역) 사건을 날조하거나 범인으로 꾸며내거나 하는 것. 조작.

국어사전 안에 외래어라고 하기에는 너무 어렵고 낯선 외국어

가 수없이 실려 있다. 프레임 업$^{frame\ up}$은 영어와 정치학에 상당한 지식을 갖추고 있어야 이해할 수 있는 용어다. 왜 저런 용어까지 실었나 싶었더니 일본어사전에 실은 걸 그대로 번역만 해서 국어사전 안으로 끌고 들어왔다.

법률 용어

우리 법률의 상당수가 일제 식민지 시기에 만든 것들을 토대로 하고 있으니, 법률 용어에 일본식 한자어가 많이 들어와 있을 건 충분히 짐작할 수 있는 일이다. 그동안 꾸준히 그런 낱말들을 순화어로 바꾸는 작업을 했으며, 그래서 언도言渡는 선고宣告로, 수결手決은 서명署名으로, 취조取調는 심문審問 등으로 바꿨다. 하지만 일본이 만든 법률 용어를 국어사전에 실으면서 그런 사실을 밝히지 않아 지금도 우리가 사용하는 용어인 것처럼 오해하도록 하고 있다. 그뿐만 아니라 우리는 전혀 사용하지 않는 용어를 싣기도 했다.

공동의 목적을 위해 사람들이 뭉쳐서 만든 단체나 기구를 결사結社라고 하며, 민주주의 국가는 모두 결사의 자유를 기본권으로 인정하고 있다. 『표준국어대사전』에 특별한 결사의 명칭 하나가 보인다.

¶공사결사(公事結社): 〈법률〉 공공의 이해에 관계 있는 사항을 목적으로 하는 결사. 자선 사업 결사 따위이며, 정치 결사는 제외한다.

법률 용어라고 했지만 우리나라에는 저런 법률 용어가 없다.

¶公事結社: 政治を除き,公共の利害に関係ある事項を目的とする結社. 慈善事業を目的とする結社の類. 旧治安警察法の用語.

(번역) 정치를 제외하고 공공의 이해와 관련된 사항을 목적으로 하는 결사. 자선 사업을 목적으로 하는 결사의 종류. 옛 치안경찰법의 용어.

풀이에서 보다시피 일본의 옛날 법률 용어였고, 지금은 일본에서도 사용하지 않는 말이다. 이런 식으로 일본의 옛날 법률 용어를 아무런 설명 없이 마치 우리가 쓰는 용어인 것처럼 처리한 게 참 많다.

¶결사죄(結社罪): 〈법률〉 반국가적인 행위를 목적으로 하는 단체를 조직하거나 그 단체에 가입함으로써 성립하는 범죄.

¶結社罪: 治安維持法(1945年廃止)に規定された犯罪の一つ. 国体の変革または私有財産制度の否認を目的とする結社の組織·加入行為など.

(번역) 치안유지법(1945년 폐지)에 규정된 범죄의 하나. 국체의 변혁 또는 사유 재산제도의 부인을 목적으로 하는 결사의 조직·가입 행위 등.

일본어사전에서는 치안유지법에서 규정한 범죄라는 사실과 함께 1945년에 폐지했다는 내용까지 싣고 있다. 그에 반해 우리 국어사전은 앞뒤가 없이 허술한 내용만 담고 있다. 치안유지법은 일본 본토는 물론 당시 식민지로 삼고 있던 조선과 대만에도 적용했다. 일본어사전 풀이에 '사유재산 제도의 부인'이라는 표현이 있는 것처럼 반국가사범뿐만 아니라 공산주의 사상을 가진 사람들을 탄압하는 도구로 자주 사용했다.

¶기호위조죄(記號僞造罪): 〈법률〉 산물, 상품, 서적, 집기 따위에 찍는 관청이나 회사의 기호를 위조하거나 이를 부정하게 행사함으로써 성립하는 범죄.

¶記号偽造罪: 産物.製品.書籍.什器などに押印する記号を偽造し、または不正に使用することによって成立する罪.

(번역) 산물, 제품, 서적, 집기 등에 날인하는 기호를 위조하거나 부정하게 사용함으로써 성립하는 죄.

사용한 한자만 보아도 일본어사전을 그대로 베꼈음을 알 수 있다. 우리는 인장위조죄라는 말을 쓴다.

¶안사술(安死術): 1. 〈법률〉 요구에 따라 고통이 적은 방법으로 생명을 단축하는 행위. 위법성에 관한 법적 문제가 야기되는 경우가 있다. 2. 안락사를 시키는 의술.

간혹 안락사와 같은 말이라며 안사술이라는 말을 쓰는 경우가 있는데, 일본 사람들이 영어 'euthanasia'를 한자어로 번역한 말이다. 일본어사전에서 안사술을 찾으면 '安楽死の技術·方法(안락사의 기술과 방법)'이라는 풀이가 나온다. 우리 법률 용어에는 안사술이라는 게 없다.

¶보호직공(保護職工): 〈법률〉 법률에 의하여 취업에 제한을 두고 특별히 보호하는 노동자. =보호 노동자.

¶보호근로자(保護勤勞者): 〈법률〉 법률에 의하여 취업에 제한을 두고 특별히 보호하는 근로자. 나이 어린 근로자나 여성 근로자 등이다.

▶일본 공장법에는 보호직공인 부녀급소년공^{婦女及少年工}의 심야취업을 금지하고 잇슬뿐임으로 매우 곤란한 문제로 관측된다.(동아일보, 1930.1.12.)

기사 내용을 보더라도 보호직공 같은 말은 일본 사람들이 만든 법률 용어임을 알 수 있다.

¶검단(檢斷): 비행(非行)을 조사하여 죄를 단정함.
¶감주(勘注): 조사하여 기록함. 또는 그런 문서.

분류 항목에 '법률'이라는 표시는 없지만 내용상 통하는 부분이 있다. 이 말들은 언뜻 보면 우리가 조선 시대에 쓰던 한자어 같지만 쓰인 용례를 찾을 수 없다. 일본에서 만들어 그들의 사전에 올린 말들이다.
이번에는 조사^{調査}라는 말이 들어간 낱말을 보자.

¶인격조사(人格調査): 〈법률〉 범죄인의 지능·자질·성격 및 환경 따위를 조사하는 일. 범죄인을 분류하거나 처우 따위를 검토하기 위한 것이다.

인격을 조사한다는 말이 왠지 이상하게 다가왔다. 언뜻 인성검사 같은 게 아닌가 싶었으나 내용을 보니 법률 용어로 되어 있다. 형법이나 형사소송법에도 나오지 않는 말로, 일본에서 사용하는 용어다. 인격조사와 같은 내용을 담고 있는 용어가 『표준국어대사전』에 실려 있다.

¶판결 전 조사 제도(判決前調査制度): 〈법률〉형사 소송 절차에서 유죄가 인정된 자에게 적합한 형벌의 종류와 정도를 결정하기 위해 판결을 선고하기 전, 피고인의 인격과 환경에 관한 상황을 과학적으로 조사하여 이를 양형의 기초 자료로 이용하는 제도.

'인격조사'를 표제어에서 빼든지, 아니면 예전에 사용하던 일본식 용어였다는 사실 정도라도 밝혀주는 게 우리 국어사전의 품격에 맞는 일이다.

법률 용어는 아니지만 '조사'라는 말이 들어간 용어 하나만 더 살펴보자.

¶세론조사(世論調査): 〈사회 일반〉개별적인 면접이나 질문서 따위를 통하여 국가나 사회의 여러 가지 문제에 대한 사회 대중의 공통된 의견을 조사하는 일. =여론 조사.

우리도 '세론世論'이라는 말을 쓰기는 하지만 그다지 널리 사용하는 편은 아니다. 더구나 '여론조사' 같은 말이 있는데 굳이 세론조사라는 말을 쓸 이유도 없다. 간혹 일본의 소식을 전하는 외신 기사에 세론조사라는 말이 등장하기는 한다. 일본도 여론조사라는 말을 쓰기는 하지만 쓰임새가 폭넓지 않고 세론조사라는 말을 훨씬 많이 쓴다.

¶기정비(旣定費): 〈법률〉재정에서 헌법, 법률, 계약 따위에 의하여 일정 금액으로 확정되어 있으면서 국가가 지출할 의무가 있는 경비. 국회의 의결을 거치지

않는다. =확정비.

이 말도 우리가 사용하는 용어가 아니다.『정선판 일본국어대사전精選版 日本国語大辞典』에 실린 풀이를 보자.

¶既定費: 1. 広義では、法律、命令または契約によって、国家が支出義務を負い、議会が自由に変更できない経費. 既定歳出.

2. 狭義では、旧憲法上の天皇の大権に基づく勅令を施行するために必要な支出で、前年度の予算に計上され、すでに議会の協賛を経たもの. 現在はこの制度はない. 既定歳出.

(번역) 1. 넓은 의미에서는 법률, 명령 또는 계약에 의해 국가가 지출 의무를 지고 의회가 마음대로 변경할 수 없는 경비. 기정 세출.

2. 좁은 의미로는 구 헌법상의 천황의 대권에 근거한 칙령을 시행하기 위해 필요한 지출로, 전년도의 예산에 계상되어 이미 의회의 협찬을 거친 것. 현재는 이 제도가 없다. 기정 세출.

2번 풀이에서 볼 수 있는 것처럼 일본에서는 메이지 유신 이후부터 기정비라는 말을 사용해서 그런 용법이 지금도 이어지고 있는 셈이다. 기정비의 국어사전 풀이 뒤에 동의어로 올려 놓은 확정비가 우리가 사용하는 용어다.

¶신입(申込): 〈법률〉 특정한 내용의 계약을 체결시킬 것을 목적으로 하는 의사표시.

이 말을 일제 식민지 시기에 많이 쓴 건 분명하며, 요즘 우리가 사용하는 말로 하면 신청申請에 해당한다. 신입을 독립된 말로 쓰기도 했지만 신입소申込所나 신입서申込書처럼 쓴 경우가 많았다. 물론 안 쓰기 시작한 지 오래된 용어다. '込'은 중국 한자가 아니라 일본 사람들이 따로 만든 그들만의 한자다. 아무리 신입申込을 한때 우리가 받아들여 사용했다고는 해도 그걸 법률 용어로 분류해서 국어사전에 싣는다는 건 납득하기 어려운 일이다.

교육과 의학 용어

製졩는 글지을씨니 御엉製졩는 님금 지스샨
그리라 訓훈은 ᄀᆞᄅᆞ칠씨오 民민ᄋᆞᆫ 百빅姓셩
이오 音ᅙᅳᆷ은 소리니 訓훈民민正졍音ᅙᅳᆷ
ᄋᆞᆫ 百빅姓셩 ᄀᆞᄅᆞ치시논 正졍혼 소리라

國귁之징語ᅌᅥᆼ音ᅙᅳᆷ이 國귁ᄋᆞᆫ 나라히라 之징는 �____ㅅ ____ ____語ᅌᅥᆼᄂᆞᆫ ᄆᆞᆯᄊᆞ미라

나랏말ᄊᆞ미

異ᅌᅵᆼ乎ᅘᅩᆼ中듕國귁ᄒᆞ야 異ᅌᅵᆼᄂᆞᆫ 다ᄅᆞᆯᄊᆞ 乎ᅘᅩᆼᄂᆞᆫ 아

〔―번身〕〔―선〕 명 층 놓는
 급제한 사람을 경멸하여 일컫

 명 하타 논을 새로 만듦.
 명 뭐 낱낱마다. 하나에. ·9~20
                           L원.
 명 뭐 낱낱마다. 하나에.
          치마의 주름.
 er〕 명   개우쳐 인도함.
 명 하타   ↗개발 도상국.
【附途國】명 사막 잡신 아훼를 섬기는
   민족을 부정하고 아훼에 의해 흙으로
  어 졌다는 망발을 일삼으며 개념을 상실함
 수천국 불신지옥이라는 극단적인 사상을 가
 고 있으며 과학자들에 의하면 아메바에서 바
 신화되었을 것으로 추정됨. ②개 나 되
:―돼지 명 ①개와 돼지. ②개나
〔殺?〕명 ①가침석(加擬石).

학교와 교육

학교 기숙사는 근대 초기부터 있었다. 그때는 근대식 학교가 많지 않았기 때문에 지방 학생들이 도시에 있는 학교에 와서 공부할 수 있도록 학교마다 기숙사를 마련해 놓곤 했다.

¶학료(學寮): 학교의 기숙사.

지금은 거의 안 쓰지만 일제 식민지 시기에는 기숙사와 함께 학료라는 용어도 사용했다. 학료學寮를 『고지엔広辞苑』에서 찾으면 이렇게 나온다.

¶学寮: 1. 学校の寄宿舎. 2. 平安時代、大学寮の寄宿寮. 3. 寺院で僧の修学する所. 4. 湯島聖堂に属した生徒の寮室.

(번역) 1. 학교의 기숙사 2. 헤이안 시대, 대학의 기숙사. 3. 절에서 중이 수학하는 곳 4. 유시마 성당에 속한 학생들의 기숙사실.

두 번째 풀이에 헤이안 시대平安時代라는 말이 나온다. 헤이안 시대는 서기 794년부터 시작됐으니 학료^{學寮}라는 이름의 기숙사가 생긴 건 퍽 오래된 일이다. 네 번째 풀이에 나오는 유시마 성당^{湯島聖堂}은 천주교 성당으로 오해하기 쉬운데, 실은 공자^{孔子}를 모시던 유교 사당이다. 이렇듯 학료^{學寮}라는 말은 일본에서 오래전부터 교육기관, 사원, 사당에 딸린 기숙사를 가리키던 명칭으로 사용했다. 그러던 것이 식민지 조선에 들어와 학교 기숙사를 가리키는 용어가 되었다. 풀이를 하려면 일본의 헤이안 시대부터 사용하던 말이라는 걸 밝혀주어야 하지 않을까?

¶기숙료(寄宿寮): 학교나 회사 따위에 딸려 있어 학생이나 사원에게 싼값으로 숙식을 제공하는 시설.

이 낱말도 『고지엔^{広辞苑}』에 실려 있다. 일본에서 건너온 말일지언정 우리도 잠시나마 사용했으므로 국어사전에 표제어로 올리는 걸 반대하는 건 아니다. 다만 올리더라도 어휘에 대한 정확한 정보를 함께 제공해 주는 게 대사전^{大辭典}의 위신에 맞는 일이라고 생각한다. 특히나 외국에서 비롯한 낯선 말은 아래와 같이 친절하게 풀이해 줄 수 있어야 한다.

¶상서(庠序): 〈교육〉 '학교'를 달리 이르는 말. 향교(鄕校)를 주나라에서는 '상(庠)', 은나라에서는 '서(序)'라고 부른 데서 유래한다.

이런 풀이를 준용한다면 학료나 기숙료 풀이를, 일본에서 헤이안 시대에 학교 기숙사를 일컫던 말이고, 사원이나 사당 같은 곳에 딸린 기숙사를 이르기도 했다는 식으로 풀어주는 게 제대로 된 방식이라고 생각한다. 덧붙여 그런 용어를 일제 식민지 시기에 우리도 사용한 적이 있다고 하면 더 좋을 테고.

일본에서만 쓰는 학교 관련 용어들이 우리 국어사전에 꽤 들어와 있다. 가령 다음과 같은 것들이다.

¶양호학교(養護學校): 〈교육〉 몸에 결함이 있는 사람에게 적절한 교육을 베풀기 위하여 설치한 특수 학교.

¶학교확장(學校擴張): 〈교육〉 학교 밖의 일반 성인에게 교육의 기회를 제공하는 일. 공개강좌, 성인 학급, 통신 교육, 야간 교육 따위의 방법이 있다.

두 낱말을 이번에도 『고지엔廣辞苑』에서 찾아보자.

¶養護学校: 心身障害者に適切な教育を施すために設けられた学校. 1979年、都道府県に設置義務が課せられた.

(번역) 심신 장애자에게 적합한 교육을 실시하기 위해 마련된 학교. 1979년에 도도부 현에 설치 의무가 부과되었다.

¶学校拡張: (school extension)学校の教育活動を学外に広げ,人々に教育を受ける機会を提供すること.公開講座・通信教育など. 学校開放とは異なるが,混同されることもある. 19世紀末に英米で始まる.

(번역) 학교의 교육 활동을 학교 바깥으로 넓혀 사람들에게 교육의 기회를 제공한다. 공개강좌 ·통신교육 등. 학교 개방과는 다르지만, 혼동될 수도 있다. 19세기 말에 영국과 미국에서 시작되었다.

위에 나온 '양호학교'는 장애아들을 위한 특수학교의 일종인 것 같은데, 우리는 그런 명칭을 가진 학교를 설립하거나 운영한 적이 없다. 다만 양호학급이라는 건 있었다. 양호학급 역시 일본에서 비롯한 것으로, 1940년에 청계소학교에 양호학급을 설치하여 시범 운영하기로 했다는 신문기사가 있다. '양호학급'도 표준국어대사전에 있다.

¶양호학급(養護學級): 〈교육〉 지적 장애인, 불구자, 병약자에게 따로 적절한 교육을 베풀기 위하여 특별히 설치한 학급.

양호학급 역시 지금은 없는 제도이므로 표제어에 싣더라도 정확한 풀이를 담았어야 한다. '학교확장'이라는 말은 용어 자체도 오해의 소지가 많으며, 학교에서 학부모들을 대상으로 교육 활동을 할 때 우리는 '학부모교실' 혹은 '평생교육'과 같은 용어를 사용한다.

¶방교(放校): 〈교육〉 학교에서 학칙을 어긴 학생을 내쫓음. =출학.

이 말은 일제 식민지 시기에 쓰던 용어다. 당시에 교육 관련 용어 대부분은 일본 사람들이 만든 용어를 가져와서 사용했다. 그러다가 차츰 그런 말들을 버리고 새로운 말을 만들어 쓰고 있는 중이다. 지금도 일본에서 쓰고 있는 저런 말을 국어사전에 올리려면 최소한 풀이에서 일제 식민지 시기에 사용하던 일본식 용어라는 사실을 밝혀주어야 한다.

¶자택생(自宅生): 자기 집에서 다니는 학생을 기숙사생, 하숙생, 자취생 따위에 상대하여 이르는 말.

우리는 쓰지 않는 말이고, 일본어사전에 올라 있지는 않지만 일본 사이트에서 쉽게 발견할 수 있는 말이다. 주로 집에서 통학하는 대학생들을 가리킨다.

교육과 관련한 용어 중에 일본 사람들이 만들어 썼으나 우리는 쓰지 않는 용어들이 『표준국어대사전』 안에 많이 담겨 있다.

¶개성조사(個性調査): 〈교사〉 학생을 적절하게 지도하기 위하여 학생의 개성에 관한 여러 가지 사항을 조사하는 일.

¶개성분석(個性分析): 〈교육〉 학생을 적절하게 지도하기 위하여 학생의 개성, 기능, 건강, 가정 환경 따위를 조사하여 분석하는 일.

¶교외교수(校外敎授): 〈교육〉 학교 밖에서 학생들에게 자연을 관찰하게 하거나 사회 현상 따위를 직접 보고 듣게 하면서 가르치는 일. ≒교외 수업.

내가 30년간 교사 생활을 하는 동안 전혀 들어보지 못했던 용어들이다. 다음 낱말은 또 어떨까?

¶정시제(定時制): 〈교육〉 특별한 시간·시기를 이용하여 수업을 하는 제도.

일본에서는 고등학교의 학제를 전일제, 정시제, 통신제 등으로 구분하고 있다. 우리는 정시제^{定時制}라는 용어를 사용한 적이 없다. 일본어사전에 나오는 정시제의 개념은 다음과 같다.

¶定時制: 夜間・農閑期など特別の時間または時期に授業を行う高等学校の課程.

(번역) 야간이나 농한기 등 특별한 시간 또는 시기에 수업을 하는 고등학교 과정.

다음은 어디에서 왔는지, 저런 용어가 쓰이기는 했는지 알 수 없고, 일본이나 중국 자료에서도 찾기 힘든 용어들이다. 누가 정체를 찾아서 밝혀주면 좋겠다.

¶분일제(分日制): 〈교육〉 한 해 동안의 최저 출석 일수를 정하여 놓고, 학과별로 종료하는 학교 교육 제도.

¶이부처(二部處): 〈교육〉 이부제를 실시하는 학교 따위에서, 이부에 관한 사무를 담당하는 부처.

온습회 溫習會

학교교육은 교실에서 교과서 수업만 하는 게 아니라 학예회나 축제, 체육대회 등 다양한 행사를 한다. 그건 일제 식민지 시기에도 마찬가지였을 것이다.

¶온습회(溫習會): 〈교육〉 학생의 예능 발표와 학예품 전시를 주로 하는 특별 교육 활동. 학생들의 학습 과정이나 결과, 능력 따위를 공개적으로 발표하여 교육적인 효과를 거두는 데 목적이 있다. =학습 발표회.

학예회라는 말은 익숙해도 온습회라는 말은 생경하기 짝이 없다. 예전에 저런 용어를 썼나 싶어 옛 신문기사를 찾아보았다.

▶재작일 밤 대정 권번 기생들이 조선극장에서 온습회를 하엿는데 전례대로 여러 가지를 해가다가 가야금 차례가 되어 기생이 쭉 나와 안저서…(동아일보, 1924.6.12.)

▶한남권번에서는 십삼일부터 닷새 동안 시내 종로 오정목 미나도좌에서 추긔 온습회를 개최한다는데 동 권번 기생 일동이 총출연을 하야 조선 공유의 가무

음곡을 들려준다고.(동아일보. 1930.10.16.)

기사에서 보는 것처럼 주로 기생들이 출연해서 가무 공연을 하는 걸 온습회라 했음을 알 수 있다. 이 말을 『고지엔^{広辞苑}』에서 찾으니 다음과 같은 풀이가 나온다.

¶温習会: 京阪花柳界の秋季行事である。芸妓の技芸の競演会。一般の舞踊・音楽のおさらい会。小学校などの学芸会の意にも用いる。
(번역) 게이한 화류계의 가을 행사인, 게이샤의 기예의 경연회. 일반무용과 음악 복습회, 초등학교 학예회의 뜻으로 사용된다.

게이한^{京阪}은 교토^{京都}와 오사카^{大阪}의 준말이다. 기생들의 경연회라는 내용과 함께 초등학교 학예회의 뜻으로도 사용된다는 내용도들어 있다. 그런 용법으로 쓰인 예가 있긴 하겠으나 내가 찾아본 옛기사에서는 전부 기생들의 공연과 관련한 내용뿐이었다. 당시에 학생들의 발표회는 학예회라는 용어를 썼고, 기사에 많이 등장한다. 학예회 역시 일본 사람들이 만든 용어이긴 해도 이미 우리말로 굳어져 지금도 활발히 사용하고 있다. 하지만 온습회는 이미 사라진말이거니와 국어사전의 풀이와도 거리가 멀다.

의학 용어

사람이 아프면 병원에 가서 치료해야 한다. 퇴원한 뒤에도 건강이 안 좋거나 하면 공기 좋은 곳으로 가서 요양하기도 하는데, 그와 관련해서 낯선 낱말이 『표준국어대사전』에 실려 있는 걸 발견했다.

¶연하요양(煙霞療養): 신경 쇠약이나 호흡 계통의 환자들이 도시를 떠나 공기가 맑고 경치가 아름다운 곳에 가서 요양을 하는 일.

들어본 사람이 없는 낱말일 텐데, 일본어사전에 표제어로 올라 있다. 국어사전 표제어 중에 한자어로 되어 있으면서 평소 들어보지 못했거나 낯설다 싶으면 이렇듯 일본어사전에 실려 있는 낱말들이 무척 많다.

¶택료(宅療): 자기 집에서 요양함. 또는 그 요양.
¶宅療: 自宅で療養すること.
(번역) 자기 집에서 요양하는 것.

우리도 자택요양이라는 말은 많이 쓰지만 그걸 줄여 택료라고
하지는 않는다.

¶일기병(一期病): 일생 동안 낫지 아니하는 병.

¶一期病: 一生なおらぬ病気. 死病.

(번역) 평생 고칠 수 없는 병. 죽을병.

같은 뜻을 가진 한자어로 우리는 예전에 종신병^{終身病}이나 종신
지질^{終身之疾}이라는 말을 썼다. 의미상 약간의 차이가 있기는 하지만
요즘은 흔히 불치병^{不治病}이라는 말을 쓰고 있으며, 순우리말로는 '죽
을병'이라는 말이 표제어로 올라 있기도 하다.

¶학교병(學校病): 〈의학〉 주로 학생들 사이에 많이 생기거나 전염하는 병. 근시

안, 머릿골 신경 쇠약, 척주 만곡, 폐결핵, 유행성 감기 따위가 있다.

일본에서 만든 학교보건법^{學校保健法}에 나오는 용어다. 의학에 관
한 일본 법률 용어까지 우리 국어사전에 실었어야 하는지 의문이
다. 우리가 저 용어를 받아들여 활발히 써왔다면 모르지만, 교사
중에 저런 용어를 사용하거나 들어본 사람은 거의 없을 것이다.

¶학용환자(學用患者): 〈의학〉 의학 연구에 참여하기로 동의한 환자.

¶운동욕(運動浴): 〈보건 일반〉 물속에서 간단한 운동을 함으로써 치료하는 방

법.

둘 다 우리는 안 쓰는 용어이며, 일본 의학용어 사전에서 가져왔다.

¶학대시험(虐待試驗): 〈약학〉 제제(製劑)가 얼마나 안정한가를 짧은 시간에 예측하기 위하여 온도, 습도, 빛 따위를 보통의 조건보다 가혹하게 하고 제제의 안정성을 알아보는 시험.

우리는 가혹시험이라는 용어를 쓰며, 이 말은 〈우리말샘〉에 실려 있다.

¶세척기(洗滌器): 〈의학〉 상처, 코, 위, 장, 방광, 요도 따위를 씻는 데 쓰는 의료 기구.
¶洗滌器: 傷口.鼻腔.胃.腸.膀胱.膣などを洗滌するのに用いる医療器械.
(번역) 상처, 비강, 위, 장, 방광, 질 등을 씻는 데 사용하는 의료 기계.

세척기라라면 식기세척기부터 떠올리는 사람이 많을 텐데, 이상하게도 『표준국어대사전』에는 의학 용어로만 소개되어 있다. 그것도 일본어사전에 나온 풀이를 그대로 옮겨 왔다.

¶데이케어(daycare): 〈보건 일반〉 낮에는 병원에 입원하여 치료를 받고 밤에만 집에 돌아가 생활하는 치료 방법. 정신과에서 주로 이용하던 방법이었으나 최근에는 다양한 분야에 이용하고 있다.

우리나라에 저런 치료 방법을 도입한 병원이 있기는 한 건지 의

문이 드는 용어다. 우리도 데이 케어 센터라는 시설이 있지만 병원이 아니라 일종의 복지센터에 해당한다. 노인들을 대상으로 놀이와 인지활동 등의 프로그램을 진행하는 곳을 말한다. 결국 다시 일본어사전을 뒤지는 길밖에 없었다. 『고지엔広辞苑』에 나오는 풀이다.

¶デイーケアday care: 在宅の老人・精神障害者を集めて昼間に健康管理、機能維持・回復訓練、集団活動、娯楽、食事サ⎯ビス、入浴サ⎯ビスなどを提供すること。デイーサ⎯ビスに比べてリハビリテ⎯ションを重視する。

(번역) 재택노인·정신장애인을 모아 낮에 건강관리, 기능 유지·회복 훈련, 집단 활동, 오락, 식사 서비스, 목욕 서비스 등을 제공하는 것. 데이 서비스에 비해 재활을 중시한다.

일본에서 나온 다른 자료를 살펴보니 1946년에 영국의 비어러J. Bierer와 캐나다의 카메론E. Cameron이 런던과 몬트리올에서 각각 독자적으로 시작했다고 하며, 1960년대에 일본이 도입했다고 기록되어 있다. 'day hospital'이라고도 한다. 비슷한 계열의 용어가 하나 더 있다.

¶야간병원(夜間病院): 〈의학〉 병세가 호전되고 있는 환자에게, 낮에는 사회 활동을 하고 밤에만 병원으로 돌아와 의사의 관리를 받도록 하는 제도. 병원과 사회를 연결하는 중간적 시설로서, 재발의 우려가 완전히 없으면 정식으로 퇴원시킨다.

역시 우리는 도입하지 않고 있는 제도다. 『다이지린大辞林』에 이렇게 나온다.

¶ナイトーホスピタル(night hospital): 主として精神保健の分野で, 日中は職場や学校
などで生活する患者を夜間のみ医療従事者のもとで保護し, 治療・看護・リハビ
リテーションなどを行う医療施設. 社会から隔絶されないように施療を行うことを
目的とする.

(번역) 주로 정신 보건의 분야에서, 낮에는 직장이나 학교 등에서 생활하는 환
자를 야간에만 의료 종사자 아래에서 보호해, 치료·간호·재활 요법 등을 실시
하는 의료 시설. 사회로부터 격리되지 않도록 시료를 실시하는 것을 목적으로
한다.

1953년에 캐나다에서 시작되어, 일본에서는 1960년대부터 주로
만성 분열병 환자를 대상으로 실시했던 제도다. 둘 다 정신장애인
을 주 대상으로 삼고 있는데, 국어사전 풀이에는 그런 내용이 빠졌
다. 구체적인 설명이 없다 보니 마치 우리가 도입해서 실시하고 있
는 제도처럼 오해하기 쉽도록 했다.

외래어로 된 용어 하나를 더 보자.

¶애프터케어(aftercare): 결핵 환자 등에 대한 건강 관리나 사회 복지를 위한 지
도. 또는 그런 시설.

애프터케어라는 말은 질병 관리뿐만 아니라 운동 후 몸이나 피
부 관리를 포함해서 꽤 다양한 분야에서 사용하고 있는 말이다. 애
초에 질병과 관련한 말로 출발했으므로 위 풀이가 완전히 잘못됐

다고 하기는 어렵다. 문제는 다른 질병도 똑같이 애프터케어의 대상이 되는데 풀이에서 왜 하필 결핵 환자를 앞세웠느냐 하는 점이다. 이런 의문은 『일본국어대사전^{日本国語大辞典}』을 보면 풀린다.

¶アフター_ーケア(英aftercare): 結核などの病気が治った人の、その後の生活法を指導して健康の回復をはかること。また、その施設.

(번역) 결핵 등의 병이 치료된 사람의 이후의 생활법을 지도하여 건강 회복을 도모하는 것. 또는 그 시설.

다른 일본어사전들은 결핵을 명시하지 않고 그냥 환자나 질병이라는 말만 썼다. 마지막에 덧붙인 시설이라는 말도 생뚱맞다. 애프터케어는 병원 치료 후에 이루어지는 서비스를 말하는 거지 그런 서비스를 하는 시설을 뜻하지는 않기 때문이다. 국어사전에 결핵과 시설이라는 말이 들어간 건 『일본국어대사전^{日本国語大辞典}』의 풀이를 따랐다는 것 외에는 설명하기 어렵다.

종교와 역사 용어

손만. 받쳐였고 연입속 개 : 담-하다
〔(株)〕 명 〈수〉 돋으로 개 : 람-지
... 피우는 사람을 꼬 개 : 람-물

〔ー出身〕〔ー선〕 명 층 놓는 개 : 람-
금제한 사람을 경면해 인전 의 는

명〔하타〕 논을 새로 만듦. 개 :
명뫼 날낱마다. 하나에. 9〜20 개
ner〕 명 치마의 주름. ㄴ원.
〕 명〔하타〕 깨우쳐 인도함.
〔배淨國〕 명 ↗개 발 도상국.

사막 잠신 야훼를 섬기는
개신기독교의 준말로 육치럼 사용.
민족을 부정하고 야훼에 의해 흙으로
쳤다는 방반을 일삼으며 개념을 상실함
있으며 과학자들에 의하면 아페바에서 바
불신지옥이라는 극단적인 사상을 가
신화되었을 것으로 추정됨.

: -돼지 명 ①개 와 돼지. ②개 나 돼
〔流題〕 명 ①가 첨 석(加檐石).

오중탑과 오륜탑

오층탑이라는 말은 누구나 쉽게 들을 수 있는 말이지만 오중탑이라는 말은 낯설 것이다. 『표준국어대사전』에 오중탑이라는 낱말이다음과 같은 풀이를 달고 올라 있다.

¶오중탑(五重塔): 〈불교〉 오륜(五輪)을 상징하는 다섯 부분으로 이루어진 탑. 맨밑은 땅을 상징하여 네모꼴이며, 그 위는 물을 상징하여 둥글고, 그 위는 불을상징하여 세모꼴이고, 그 위는 바람을 상징하여 반달꼴이며, 맨 위는 하늘을상징하여 끝이 뾰족한 공 모양이다. =오륜탑.

동의어로 오륜탑이 제시되어 있다. 오층탑은 어떻게 풀이해 놓았을까 싶어 찾아봤더니 오중탑과 똑같은 뜻으로 풀이해 놓았다. 이상한 생각이 드는 게 당연하다. 절에 가서 쉽게 볼 수 있는 오층탑 말고, 위 오중탑 풀이에 있는 모양의 탑을 본 기억이 없기 때문이다. 결론부터 이야기하면 오륜탑^{五輪塔}만 위 풀이에 들어맞고 오층탑과 오중탑은 명백히 다른 탑이다.

오륜탑은 우리나라에는 몇 개 없지만 일본에 가면 어렵지 않게 만날 수 있다. 우리나라 최초의 석굴사원인 경주의 골굴암(골굴사라고도 한다)에 오륜탑이 있는데, 위 오중탑 풀이에 있는 것과 같은 형태를 하고 있다. 그 외에 청도 운문사 등 몇 군데 사찰에 오륜탑 형태를 하고 있는 부도가 있다. 오륜탑은 중국 밀교의 영향을 받은 것으로 일본에서 널리 퍼졌다. 각 단마다 산스크리트어로 땅, 물, 불, 바람, 공空이라고 음각해 놓은 경우가 많다.

우리나라의 탑은 대개 돌로 만든 석탑이고, 나무로 만든 목탑은 몇 개 남아 있지 않다. 그에 반해 일본에는 목탑이 꽤 많다. 일본에서 오층탑을 가리키는 말이 바로 오중탑이고, 대부분 나무로 만들었다. 우리나라에서는 오층탑이라는 말을 썼지, 오중탑이라는 말은 쓰지 않았다. 흔히 오층석탑이나 삼층석탑이라는 말로 명명한다. 층層과 중重이 의미상 통하는 부분이 있지만 같은 한자권이라도 나라마다 한자의 쓰임새가 다른 경우가 많다. 일본의 오중탑은 국보로 지정된 것만 해도 여러 개다. 『표준국어대사전』에 나오는 일본의 절 이름 하나 소개한다. 우리에게도 익숙한 이름을 가진, 유네스코 세계문화유산으로 지정된 절이다.

¶호류사(Hōryū[法隆]寺): 일본 나라(奈良)에 있는 절. 성덕종(聖德宗)의 대본산으로 607년에 창건된 목조 건축물이며, 금당(金堂)·오중탑(五重塔) 따위와 고구려의 승려 담징이 그린 벽화가 있다. 오랫동안 일본 불교 연구의 중심 도량(道場)의 역할을 하였던 곳이다.

낱말 풀이에 오중탑이 등장한다. 이 오중탑은 연대 측정 결과 594년에 만들어진 것으로 추정될 만큼 현존하는 가장 오래된 목조

건축물 중 하나다. 이밖에도 55m로 일본 탑 중 가장 높은 교토 도오지東寺의 오중탑과 야마구치 현의 루리코지 오중탑瑠璃光寺五重塔 등이 유명하다.

¶백제오중석탑(百濟五重石塔): 〈역사〉 충청남도 부여군 부여읍 동남리에 있는 5층 석탑. 백제 말기에 건립된 것으로 추정되며, 창의적이고 정제된 기풍으로 후세 석탑의 모범이 되었다. 국보 정식 명칭은 '부여 정림사지 오층 석탑'이다. =부여 정림사지 오층 석탑.

'부여 정림사지 오층 석탑'이라는 정식 명칭이 있는데, 왜 '백제 오중 석탑'이라는, 누구도 안 쓰는 저 말이 국어사전 표제어에 들어가게 됐는지 알 수 없는 노릇이다.

¶삼중탑(三重塔): 삼 층으로 쌓아 올린 탑. 기단 위로 탑신과 옥개석을 세 겹으로 쌓는다. =삼층탑.

¶다중탑(多重塔): 탑신(塔身)이 여러 층으로 된 탑.

삼중탑과 다중탑도 우리는 안 쓰는 말이다. 일본에는 오중탑과 함께 삼중탑도 많으며, 이들을 아울러 다중탑이라고 한다. 삼층탑과 다층탑이 우리가 쓰는 말이다.

난탑장

국어사전 안에 탑과 관련된 말이 많은데, 그중에서 독특한 낱말 하나를 보자.

> ¶난탑장(卵塔場): 달걀 모양의 탑이 있는 곳이라는 뜻으로, '묘지(墓地)'를 이르는 말.

참 이상한 낱말이다 싶었다. 우리나라에서 달걀 모양을 한 탑을 본 적이 없거니와, 탑이 들어간 말이 왜 묘지라는 뜻으로 사용되었을까 하는 궁금증이 일었다. 그러니 저 낱말의 정체를 찾아보지 않을 도리가 없다. 먼저 『표준국어대사전』에서 두 개의 낱말을 찾았다.

> ¶난탑(卵塔/蘭塔): 〈불교〉 대좌(臺座) 위에 달걀 모양의 탑신을 세운 탑. 한 덩어리의 돌로 이루어졌으며, 흔히 선승(禪僧)의 묘표(墓標)로 쓴다.≒무봉탑.

유의어로 제시된 무봉탑은 한자로 '無縫塔'이라 표기하는데, 탑신塔身을 이음새가 없이 돌 하나를 깎아 세운 것으로 해석하면 될 듯하다. 어쨌거나 이런 모양의 탑은 우리나라에 별로 없다. 부도^{浮屠}가 비슷한 모양을 하고 있긴 하지만 그걸 난탑이나 무봉탑이라 부르지는 않는다. 우리가 난탑이나 무봉탑이라는 말을 아예 쓰지 않았던 건 아니지만 용례가 매우 적고, 오히려 일본에서 널리 쓰고 있는 말이다. 당나라의 남양혜충^{南陽慧忠(?~775)} 국사가 열반하기 전 당시의 임금인 대종^{代宗(재위 763~779)}에게 인사를 한 적이 있다. 이때 대종이 "스님께서 입적^{入寂}하시면 제자들이 무엇으로 기억할 수 있겠습니까?"라고 하자 스님이, "단월^{檀越}에게 일러 무봉탑을 세워주시면 좋겠습니다."라고 한 데서 비롯되었다고 한다. 단월의 뜻은 다음과 같다.

¶단월(檀越): 〈불교〉 자비심으로 조건 없이 절이나 승려에게 물건을 베풀어 주는 일. 또는 그런 일을 하는 사람.=시주.

우리나라에서 부도를 달리 부르는 이름은 부도탑, 승탑, 사리탑 등이다. 일본의 난탑을 보면 위아래로 길쭉한 타원형의 모습을 하고 있다. 그에 반해 우리 부도는 형태가 다양하고 원형으로 된 것도 그냥 둥글 뿐 계란처럼 타원형의 형태를 띠고 있지는 않다. 또한 우리 부도는 탑신 위에 지붕처럼 얹는 옥개석이 있지만 일본의 난탑은 위에 아무것도 얹지 않는다. 난탑의 원형은 중국에서 비롯했다. 그러다 가마쿠라^{鎌倉} 막부 시절에 중국 송나라로부터 선종^{禪宗}과 함께 일본으로 난탑 양식이 흘러 들어갔다.

난탑장이라고 하면 일본에서는 난탑을 모아놓은 곳이 아니라 그냥 묘지를 뜻한다. 유래는 난탑으로부터 비롯했겠지만 난탑과는 관련이 없는 곳이다. 그리고 우리는 난탑장을 무덤을 뜻하는 말로 쓴 적이 없다. 국어사전 편찬자들이 이런 정황을 전혀 모른 채 표제어로 올리고 풀이를 달았을 것이다.

우리나라에서 유명한 절에 가면 뒤쪽에 부도를 모아 놓은 곳을 볼 수 있다. 이런 곳을 흔히 부도밭 혹은 부도전^{浮屠殿}이라고 한다. 부도밭은 국어사전에 없고, 부도전은 〈우리말샘〉에서만 찾을 수 있다. 차라리 이런 말을 찾아서 국어사전에 올렸어야 한다.

무연탑과 공양탑

탑을 가리키는 낱말에 대한 이야기를 계속 이어가기로 한다.

¶무연탑(無緣塔): 자손이나 관리해 줄 사람이 없는 무덤.=무연분묘.

탑은 무덤을 뜻하는 고대 산스크리트어 스투파stūpa에서 왔다. 그렇게 본다면 무연탑이 무덤의 뜻으로 사용되는 걸 이해 못 할 바는 없다. 그럼에도 저런 말을 쓰는 경우를 접해 본 바가 없기에 또 한 번 고개를 갸웃거리게 된다.

대만에서 나온 불교 용어 사전인 『불광대사전佛光大辭典』에 무연탑 항목이 있고, 다음과 같은 풀이가 달렸다.

¶無緣塔: 1. 多人合葬之墓, 稱為無緣塔(다인합장지묘 칭위무연탑). 2. 指無人弔祭 之墳塔 義同於無緣塚(지무인조제지탑분 의동어무연총)

(번역) 여러 사람을 함께 묻은 무덤을 무연탑이라 부른다. 조문이나 제사를 지내 러 오는 사람이 없는 무덤으로 된 탑을 가리킨다. 뜻은 무연총과 같다.

일단 중국의 불교계에서 사용하던 말임을 알 수 있다. 그리고 한 사람의 무덤이 아니라 여러 명을 함께 묻은 곳을 말한다. 하지만 이 말이 우리나라에서 쓰인 예는 없다. 대신 일본에서는 이 말을 사용하고 있다.

일본 사가^{佐賀}현 이마리^{伊萬里} 시 오카와치야마^{大川內山}에 비요^{秘窯}의 마을이라는 곳이 있다. 도자기를 굽던 마을인데, 이곳에 가면 도공무연탑^{陶工無緣塔}을 만날 수 있다. 임진왜란 때 우리나라 도공들이 대거 일본으로 끌려갔다는 얘기는 다들 알고 있을 터이다. 이 도공들의 후예가 이곳에서 살다가 죽었으며, 이들의 비석을 한군데 모아 탑처럼 쌓아놓은 게 바로 도공무연탑이다. 모두 880개의 비석을 쌓아 올렸다. 그리고 묘탑의 맨 위에 지장보살 석상을 세워 도공들의 넋을 기리고 있다. 도공들을 끌고 간 건 저들의 만행이 분명하지만 무명 도공들을 기리는 탑을 쌓아놓은 건 그나마 갸륵한 일이다.

¶공양탑(供養塔): 〈불교〉 부처에게 공양하는 뜻으로 세운 작은 탑.

이 탑 역시 중국에서 시작되어 일본으로 건너가 널리 퍼졌고, 우리나라에서는 찾아보기 힘들다. 국립중앙박물관 금속공예실에 74cm 높이의 청동공양탑이 보관되어 있는 정도고, 일반 사찰에 안치되어 있는 건 거의 없다.

일본에서 유명한 공양탑은 히로시마의 평화기념공원 안에 있는 원폭공양탑^{原爆供養塔}으로, 원폭 투하로 희생된 이들의 넋을 기리기 위한 것이다. 이처럼 희생자들의 넋을 기리는 공양탑은 열악한 환경과 힘든 노동 조건으로 인해 사람들이 많이 죽은 탄광 지대에도 더러 세워져 있다. 2015년 MBC 〈무한도전〉 팀이 일본 나가사키의 다카시마 섬에 그곳 탄광에서 일하다 희생된 이들을 위한 공양탑이 세워져 있는 걸 찾아내서 방송하기도 했다. 이뿐만 아니라 대마도에는 제주 4.3과 한국전쟁 때 바닷물에 떠내려온 조선인 희생자들을 위해 세운 공양탑도 있다. 공양탑은 탑이라기보다 대개 비석의 형태를 취하고 있으며, 일본 사람들 고유한 문화의 하나로 자리 잡고 있다.

국내에 일본인들이 세운 특이한 공양탑이 몇 개 있다.

혜화동 서울대병원 안에 서울의대의 전신인 대한의원 건물이 있다. 지금은 병원박물관으로 사용되고 있으며, 박물관 뒤에 실험동물공양탑實驗動物供養塔이 서 있다. 건립 연도가 대정大正 11년 7월 15일로 되어 있으므로 1922년에 만들어졌음을 알 수 있다. 의학실험에 희생된 동물의 넋을 위로하겠다며 세운 비석 형태의 탑이다.

인천시립박물관 야외전시장에 가면 잠령공양탑蠶靈供養塔을 만날 수 있다. 잠령蠶靈이라는 한자에서 짐작할 수 있듯이 양잠으로 인해 희생된 누에들의 넋을 기리기 위한 것이다. 누에의 넋까지 기린다고 하니 좀 심한 거 아닌가 하는 생각을 하는 사람들도 있을 수 있겠다.

이밖에도 일제 식민지 시기에 도축장 근처에도 공양탑을 세웠다는 이야기도 있으니 어딘가에는 아직 발견되지 않은 공양탑이 더 있을지 모른다.

¶보동탑(普同塔): 〈불교〉 선원(禪院)에서, 여러 승려의 유골을 한곳에 묻고 그 위에 세운 탑.

이 낱말 역시 『불광대사전』에 나오며, 보통탑普通塔 혹은 해회탑

^{海會塔}이라고도 한다. 보통탑과 해회탑이라는 말은 국어사전에 없다. 유골을 묻고 그 위에 세운 탑이 아니라 스님들이 사망하면 유골이나 사리를 한군데로 모시는 탑이다. 경우에 따라 스님이 아닌 신자의 유골을 탑 안에 모시기도 하는데, 중국 무협소설의 거장인 진융^{金庸}이 사망 후 다위산^{大嶼山} 보련선사^{寶蓮禪寺}에 있는 해회탑^{海會塔}에 안장되었다.

보동탑은 중국뿐만 아니라 일본에서도 어렵지 않게 볼 수 있다. 하지만 우리나라에서는 쓰지 않는 말이며, 더구나 뜻풀이도 틀렸다.

> ¶묘탑(廟塔): 불상을 안치하여 두는 탑.
>
> ¶감탑(龕塔): 불상을 모시는 방이 있는 탑.

묘탑과 감탑은 같은 탑을 뜻하는 말일까? 감탑의 풀이는 맞지만 묘탑의 풀이는 틀렸다. 묘탑은 불상이 아니라 고승^{高僧}의 사리 등을 안치하는 탑으로 부도와 같은 의미로 쓰는 경우가 많다. 다만 일본어사전에서 묘탑^{廟塔}을 찾으면 불상을 안치해 두는 탑이라는 풀이가 나온다. 일본어사전의 풀이를 가져온 셈인데, 우리는 그런 용법으로 묘탑^{廟塔}이라는 용어를 사용하지 않는다.

국보 제101호인 원주 법천사지 지광국사탑^{原州法泉寺址智光國師塔}이 경복궁 국립고궁박물관에 있는데, 이 탑이 대표적인 묘탑이다. 이 탑 이름이 『표준국어대사전』에 나온다.

> ¶원주 법천사지 지광국사탑(原州法泉寺址智光國師塔): 〈역사〉 강원도 원주시 법
>
> 천사 터에 있던 지광 국사의 묘탑(廟塔). 고려 문종 24년(1070)에서 선종 2년(1085)

사이에 세워진 것으로 추정된다. 평면 방형(平面方形)을 기본으로 하는 새로운 양식의 부도(浮屠)로서 조각이 아름다우며 우리나라 묘탑 가운데 최대의 걸작이다. 우리나라 국보이다. ≒법천사 지광 국사 현묘탑.

풀이에 '묘탑廟塔'이 나온다. 이 탑의 모양을 보았을 때 결코 불상이 들어갈 수 있는 형태가 아니며, 탑신에 사리를 모실 수 있는 곳을 마련해 두었다. 이 탑 앞에 세워 놓은 안내판의 문구 앞부분은 다음과 같다.

"이 승탑은 고려시대의 고승 지광국사智光國師(984~1067)의 묘탑으로 원래 강원도 원주시 부론면 법천사 터에 있던 것인데, 1912년에 일본인이 몰래 일본으로 가져갔다가 발각이 되어 3년 후인 1915년에 되돌려 받아 경복궁에 세워지게 되었다."

여기도 묘탑이라는 말이 나오고, 맨 앞에 승탑이라는 말도 보인다. 승탑의 뜻은 다음과 같다.

¶승탑(僧塔): 〈불교〉 고승(高僧)의 사리를 안치한 탑.

묘탑廟塔은 감탑龕塔이 아니라 승탑僧塔과 같은 말이라고 보아야 한다. 원주 법천사지 지광국사 탑은 한국전쟁 때 폭격을 당해 일부가 손상되었다. 현재 복원 수리 중이며, 본래 자리로 돌려달라는 원주시의 요청에 의해 복원이 끝나면 다시 법천사지로 돌아올 예정이다.
사리를 안치하는 탑 이름으로 『표준국어대사전』에 아래 낱말도 올라 있다.

¶법신탑(法身塔): 〈불교〉 사리를 안치하는 둥근 탑.

그런데 이 낱말을 『고려대한국어대사전』에서 찾으니 풀이가 다음과 같다.

¶법신탑(法身塔): 〈불교〉 밀교에서, 법신게(法身偈)를 안치한 탑.

사리와 법신게는 엄연히 다르다. 법신게라는 말은 국어사전에 없지만 불교의 진리를 설파하는 게송과 같은 의미로 쓰이며, 그런 말씀을 적어 놓은 경전을 이르기도 한다. 그렇다면 『표준국어대사전』이 풀이한 것과 완전히 다른 내용이 된다. 법신게를 다른 말로 법신사리라 일컫기도 하는데, 이 말은 『표준국어대사전』에는 없고 『고려대한국어대사전』에 나온다.

¶법신사리(法身舍利): 〈불교〉 불교의 경전(經典)을 이르는 말.

탑은 본래 석가모니의 몸에서 나온 진신사리를 모시는 용도로 만들어졌다. 하지만 진신사리는 수효가 한정되어 있는 만큼, 진신사리의 대체물이 필요했다. 그래서 불교 경전을 비롯해 부처에게 올리는 다양한 물건들을 안치하기 시작했다. 이런 사정으로 인해 불교 경전을 안치하기 위해 만든 탑이 법신탑法身塔이다. 『표준국어대사전』의 풀이는 법신法身을 한자의 뜻만 보고 신체로 받아들이는 바람에 생긴 오류인 듯하다. 그냥 사리가 아니라 법신사리를 안치한다고 했어야 한다.

¶상륜탑(相輪塔): 〈불교〉 한 개의 기둥 위에 상륜을 올린 탑.≒상륜.

『표준국어대사전』의 풀이인데, 『고려대한국어대사전』은 '상륜만을 세운 탑'이라고 했다. 상륜은 불탑의 꼭대기에 원기둥 모양으로 장식한 것을 말한다. 문제는 상륜만 가지고 만든 탑이 우리나라에는 없다는 사실이다. 상륜탑相輪塔은 상륜탱相輪橖이라고도 하는데, 일본에 많이 있다. 『고지엔広辞苑』에 나오는 풀이를 보자.

¶相輪橖: (「橖」は柱の意)金属製の円柱の上に相輪をとりつけ,中に経巻を納めたもの. 820年(弘仁11)最澄が初めて延暦寺に建て,法華経·大日経などを納めた. 日光輪王寺のものなどが有名.
(번역) (「橖」(탱)은 기둥이란 뜻) 금속제 둥근 기둥 위에 상륜(相輪)을 설치하고, 안에 경전을 넣은 것. 820년(弘仁11) 사이초(最澄)가 처음으로 연력사(延暦寺)에 세워, 법화경(法華経)·대일경(大日経) 등을 담았다. 일광산의 윤왕사(輪王寺)에 있는 것 등이 유명함.

『표준국어대사전』의 풀이는 『고지엔広辞苑』의 풀이에서 앞부분만 가져온 것이다. 탑의 상륜은 대체로 가늘고 길며, 별도로 떼어내 탑으로 삼기에는 규모가 작다. 일본에서 상륜탑 혹은 상륜탱이라는 이름으로 세운 탑들은 상륜의 모양을 특화시켜 커다랗게 만들었다.

승려에게 내려주었다는 직책

『표준국어대사전』에 실린 낱말과 풀이를 보면서 궁금증이 생기는 건 흔한 일이다. 국어사전 편찬자들은 낱말에 대한 호기심이 적어서 그런지 스스로 찾아서 실은 낱말에 대해 자세히 알아볼 생각을 하지 않고 성의 없이 풀이해서 던져 놓은 듯한 느낌을 받을 때가 많다. 아래 낱말을 보면서도 그랬다.

¶내공봉(內供奉): 조정에서 불사(佛事)에 종사하는 승직(僧職).

시대를 명시하지 않아 언제 있었던 직책인지 알 길이 없다. 조선 시대에는 불교를 억압하던 터라 저런 직책이 없었으리란 건 분명하다. 그렇다면 삼국 시대나 고려 시대일 텐데, 정확히 언제쯤일까? 『삼국사기』 경덕왕 편에 다음과 같은 구절이 나온다.

選醫官精究者 充內供奉(선의관정구자 충내공봉)
의술을 깊이 연구한 자를 뽑아 내공봉에 충원하였다.

이 기록에 따르면 '내공봉'은 승려가 아닌 의관의 직책을 뜻한다는 말 아닌가? 그렇다면 『표준국어대사전』에 나온 풀이는 어디서 가져온 걸까? 신라 사람 최치원이 당나라에 가서 과거에 합격한 뒤 승무랑 전중시어사내공봉承務郎 殿中侍御使內供奉이라는 직책을 맡았다는 기록이 있다. 최치원이 승려가 아니라는 사실을 생각하면 『표준국어대사전』의 풀이와는 거리가 멀다.

'내공봉內供奉'을 한자의 뜻대로만 풀면 안에서 받들어 모신다는 뜻이다. 그렇다면 '공봉供奉'이라는 말이나 직책이 따로 있지 않을까?

¶공봉(供奉): 〈역사〉 고려 시대에, 예문춘추관에 속하여 임금의 말을 받아서 명령서를 짓는 일을 맡아보던 정육품 벼슬. 충숙왕 12년(1325)에 예문관, 춘추관으로 나누어질 때 정칠품 벼슬이 되었다.

¶공봉(供奉): 〈역사〉 황제의 좌우에서 일하는 관리에 대한 칭호. 당나라 초기에는 시어사내공봉(侍御史內供奉), 전중시어내사공봉(殿中侍御史內供奉)이 있었고, 현종(玄宗) 때 한림공봉(翰林供奉)을 설치하여 집현원 학사(集賢院學士)와 조서 및 칙령 작성 업무를 나누어 맡았다.

앞엣것은 『표준국어대사전』에, 뒤엣것은 〈우리말샘〉에 실린 낱말이다. 우리는 신라 때 말고는 내공봉內供奉이라는 직책명을 사용하지 않았으며, 위 풀이처럼 고려 때 공봉供奉이라는 직책이 있었다는 건 확인된다. 둘 다 중국에서 들여온 직책명이다. 공봉供奉이나 내공봉內供奉은 중국 당나라에서 사용하던 직책명이고, 내공봉이라는 직책을 맡았던 사람들 이름이 여러 명 기록에 전한다. 하지만 구체적으로 어떤 일을 맡아 했는지는 모호하다. 짐작하기로는 궁궐 안에서 다양한 업무를 맡아 보며 왕을 보좌하는 역할이었던 듯하다. 대체로 학자 출신 관료들이 많았지만 그중에는 『표준국어대사전』에 나오는 풀이처럼 승려도 있었다. 당나라 숙종 때 원교^{元皎}라는 승려를 내공봉에 임명했다는 기록이 있기 때문이다. 하지만 내공봉 직책이 오로지 승려에게만 주어진 게 아님은 분명하다.

여기서 한 발 더 들어가야 한다. 『표준국어대사전』 편찬자가 단순하게 승직^{僧職}이라고만 풀이한 이유가 있을 것이기 때문이다. 역시 일본어사전에 '내공봉^{內供奉}'이 나온다. 풀이를 보면 꽤 자세한 편인데, 학덕을 겸비한 승려가 궁중에 들어가 불경을 강론하고 불교 의식을 진행하는 역할을 맡았다고 한다. 그리고 정원이 10명이어서 '내공봉십선사^{內供奉十禪師}' 혹은 '십선사^{十禪師}'라고 부르기도 했다는 내용도 나온다.

일본에서 승려에게 내공봉이라는 직책을 주었던 건 지금의 교토를 수도로 삼던 헤이안^{平安} 시대였다. 헤이안 시대는 일본의 고대 말기에 해당하며, 당나라의 문화를 적극적으로 도입해서 정치와 문화를 부흥시키던 시기였다. 자연히 당나라의 정치 제도와 관직을 모방했을 것이며, 내공봉이라는 직책명도 그렇게 해서 들어왔을 것이다. 다만 자신들의 상황에 맞게 제도를 수정하거나 변화시켜 적용했을 것이고, 10명의 승려를 뽑아 내공봉이라는 직책을 주는 제도도 그렇게 해서 탄생한 셈이다.

초령목招靈木과 공화회供華會

나무 이름 중에 특이한 것들이 꽤 많다. 그중에는 정식 명칭인 것도 있고, 민간에서 편한 대로 지어서 부르는 이름도 있다. 그렇다면 아래 소개하는 나무 이름은 어떻게 해서 귀신이라는 이름을 달게 됐을까?

¶귀신나무(鬼神—): 〈식물〉 '초령목'을 달리 이르는 말.

언뜻 생각하면 한자로 귀목鬼木이라고 해야 할 것 같은데, 그런 이름은 없고 초령목의 다른 이름이라고 했다. 『표준국어대사전』에서 초령목을 찾으니 다음과 같이 나온다.

¶초령목(招靈木): 〈식물〉 목련과의 상록 교목. 높이는 16미터 정도이며, 잎은 어긋나고 긴 타원형 또는 거꾸로 된 피침 모양이다. 3~4월에 흰 꽃이 가지 끝부분의 잎겨드랑이에 한 개씩 피고 꽃이 진 다음에 꽃받침이 자라고 심피도 커져서 그 속에 두 개씩 종자가 들어 있다. 나뭇가지를 불상 앞에 꽂는 풍습이 있다.

『고려대한국어대사전』에는 '원산지는 일본으로 나뭇가지를 불상 앞에 꽂는 풍습이 있어서 붙은 이름이다'라는 설명이 나온다. 우리는 초령招靈이라는 한자어를 별도로 사용한 적이 없으며, 초령목이라는 이름도 일본에서 건너왔다. 『고려대한국어대사전』에서 원산지를 일본이라고 했으나 정확한 표현은 아니다. 일본에서 많이 자라기는 하지만 우리나라에서 자생하는 초령목도 있으며, 중국 남부와 대만 등 따뜻한 아열대 기후 지방에서도 많이 자란다.

초령목이라는 이름은 식물학자 이창복(1919~2013) 선생이 1966년에 펴낸 『한국수목도감』에 처음 나온다. 일본에서 부르는 이름을 그대로 가져왔으며, 1980년에 다시 『대한식물도감』을 펴내면서 귀신나무라는 이름을 덧붙였다.

초령목 나뭇가지를 불상 앞에 꽂는다는 설명은 맞는 걸까? 우리나라에는 초령목 자체가 드물고 발견된 지도 오래되지 않았으며 그런 의식을 행한 적이 없다. 일본 사람들은 나무가 인간과 신을 연결해주는 매개체 역할을 한다고 여겼다. 그래서 신사神社에 참배하거나 제사를 지낼 때 나뭇가지 묶음을 공물供物처럼 제단에 바쳤다. 이때 초령목 가지를 이용했으며 최근에는 비쭈기나무를 주로 사용한다. 일종의 신목神木 역할을 하던 나무라고 하겠다. 신사뿐만 아니라 절에서도 같은 의식을 행하는 경우가 있어 불상 앞에 꽂는다는 말이 완전히 틀린 건 아니지만 일본 고유 종교인 신도神道에서 비롯한 것으로 봐야 한다. 그리고 절에서는 초령목보다 붓순나무를 더 많이 사용하며, 꽂는 게 아니라 나뭇가지 묶음을 바친다고 해야 한다.

부처꽃이라는 이름을 가진 꽃이 있다. 이 꽃에는 왜 부처라는 이름이 붙었을까? 일단 어떤 꽃인지 『표준국어대사전』에 나오는 풀이를 보자.

¶부처꽃: 〈식물〉 부처꽃과의 여러해살이풀. 줄기는 높이가 80~100cm이며, 잎은 마주나고 피침 모양이다. 5~8월에 붉은 자주색 꽃이 줄기 끝에 피고 열매는 삭과(蒴果)를 맺는다. 밭둑이나 습지에서 자라는데 한국, 일본 등지에 분포한다.

분명 불교와 관련이 있어서 그런 이름이 붙었을 텐데, 정확한 유래를 확인하기는 어렵다. 일각에서는 불심이 깊은 신자가 백중절에 부처님께 연꽃을 바치려 했으나 큰비로 다 떠내려가 망연자실하고 있는데 백발노인이 나타나 강변에 핀 꽃을 가리키며 대신 바치라고 해서 부처꽃이라 했다는 전설에서 비롯했다고 한다. 하지만 절에서 부처꽃을 바치는 의식이 없는 것으로 보아 누군가 그럴듯하게 지어낸 이야기일 가능성이 많다.

부처꽃이라는 이름은 1937년에 정태현 등이 발간한 『조선식물향명집』에 처음 나온다. 왜 부처꽃이라고 명명했는지에 대한 설명이 없다 보니 다른 경로로 추론을 이어갈 수밖에 없다. 일본에서는 부처꽃을 '미소하기ᴹᶻᵗʰᵃᵍ'라는 이름으로 부르는데 일본어사전을 보면 우란분회盂蘭盆會 때 불전에 바치는 꽃이라는 풀이가 달려 있다. 우란분회란 인도에서 비롯한 것으로 7월 보름에 행하는 커다란 불교 행사다. 중국과 일본에서 성행하고 있으며, 우리도 중요한 의식으로 삼았을 것으로 짐작되나 지금은 우란분회 대신 같은 시기에 백중절百中節 행사를 열고 있다. 그리고 이때 부처꽃을 바치는 일도 없다. 일본의 절에서 우란분회 의식을 치를 때 바치는 미소하기ᴹᶻᵗʰᵃᵍ를 생각하며 정태현 등이 부처꽃이라는 이름으로 명명했을 거라는 결론을 얻을 수 있다.

부처꽃과 연결 지어 생각해 볼 수 있는 낱말이 있다.

¶공화(供華/供花): 1. 죽은 사람에게 꽃을 바침. 또는 그 꽃. 2. 〈불교〉 부처에게 꽃을 바치는 일. 3. 〈불교〉 부처 앞에 바치는 물건을 얹는 대(臺). 4. 〈불교〉 떡이나 과자 따위를 담는 공양 그릇.

『표준국어대사전』의 풀이인데, 꽤 여러 갈래의 뜻을 가진 낱말로 풀었다. 부처님 앞에 꽃을 바치는 게 이상한 건 아니다. 하지만 앞서 말한 것처럼 우리 절에서 흔히 볼 수 있는 예식은 아니다. 공화는 다음과 같은 낱말로 이어진다.

¶공화회(供華會): 1. 〈불교〉 철 따라 피는 새 꽃을 부처에게 바치는 의식. 2. 〈불교〉 백 일이나 천 일을 정하여 놓고 끊임없이 새로운 꽃을 바치며 기도하는 불사(佛事).

불교 신자 중에 저런 행사에 참여해 본 사람이 있을까? 불전에 나무나 꽃을 바치는 건 일본 사람들의 오랜 풍습이다.

¶供花会 · 供華会: 仏に生花を供養する法会. 京都六波羅蜜寺で毎年三月法華八講を催し, これを結縁供花会と称したのが始まりとされ, 長講堂供花会などが著名. 百日-千日と不断に新花を献じて功徳をつむ仏事となった.
(번역) 부처에게 생화를 바치는 법회. 교토 로쿠바라미쓰지에서 매년 3월 법화팔강을 개최하여 이를 결연공화회라 칭한 것이 시초라고 하며, 장강당공화회 등이 유명하다. 백 일, 천 일로 부단히 새로운 꽃을 바쳐 공덕을 쌓는 불사가 되었다.

『일본국어대사전^{日本国語大辞典}』에서 풀이하고 있는 내용이다. 우리 불교계에서는 공화회라는 행사를 치르지 않는다. 왜 이토록 일본의 불교 용어가 우리 국어사전 안에 많이 들어와 있는지 부처님에게 물어보고 싶을 정도다.

일본 불교의 특성

일본은 고유의 민족 종교라고 할 수 있는 신도神道가 워낙 일본인들의 생활에 깊숙이 뿌리내리고 있어 외래 종교가 들어설 틈이 없다는 말을 한다. 하지만 일본은 불교 국가라고도 할 수 있을 만큼 불교의 영향이 매우 크고, 한때는 기독교가 맹위를 떨친 적도 있다. 일본의 기독교 탄압 역사를 살펴보면 조선 시대의 천주교 탄압은 비할 바가 아닐 정도로 혹독했다. 기독교가 교세를 확장하기 시작한 16세기 말부터 시작된 탄압은 1637년에 규슈 북서부의 시마바라島原를 중심으로 일어난 대규모 민란으로 인해 극에 달한다. 이 민란 명칭이 〈우리말샘〉에 실려 있다.

¶시마바라의 난(Shimabara[島原]의亂): 〈역사〉 1637년에 일본 규슈 북부의 시마바라에서 기독교인들 가운데 농민을 중심으로 일어난 난. 시마바라의 성주 마쓰쿠라 가쓰이에(松倉勝家)의 혹독한 세금 부과와 기독교인들에 대한 탄압으로 인해 일어났다. ⇒규범 표기는 미확정이다.

이 민란의 주축은 기독교인들이었으며, 매우 강력한 세력을 형

성해서 막부 세력에 저항했다. 세 차례의 진압 작전에도 저항을 계속하던 민란군은 막부가 내려보낸 12만 대군 앞에 결국 무너지고 만다. 그리고 진압군은 민란군이 장악한 성 안에 있던 3만 명 이상의 사람들을 남녀노소 불문하고 모조리 죽였다. 이후 막부는 기독교인들에 대한 대대적인 개종 작업에 나서게 되는데, 기독교인이라는 사실이 밝혀지면 무조건 참수형에 처했다. 이때 기독교 신자인지 아닌지를 확인하는 방법을 후미에^{踏み絵} 또는 에부미^{繪踏み}라고 한다. 예수와 성모 마리아가 새겨진 나무판 등을 밟고 가도록 해서 밟지 않으면 기독교 신자로 판정했다.

이 무렵에 시작한 기독교 탄압 정책은 불교에도 영향을 미쳤다. 기독교 신자들을 없애기 위해 모든 백성들을 절에 소속시켜 확인증을 만들게 한 것이다.

¶종문개(宗門改): 〈역사〉 일본 에도 시대에 막부가 기독교를 통제하기 위해 시행한 제도. 사람들의 종교를 조사하고, 불교를 이용하여 사람들을 하나의 불교 교단에 소속시켰다.

¶종지인별장(宗旨人別帳): 〈역사〉 일본 에도 시대에 기독교도를 탄압하기 위해 종문개에 따라 만든 장부. 모든 국민이 사원에 적을 두게 하여 이를 기록한 것으로, 당시에 호적의 역할을 하였다.

둘 다 〈우리말샘〉에 실려 있는 용어다. 이 글을 시작하게 된 건 『표준국어대사전』에 나오는 아래 낱말들에 대한 의문을 푸는 과정에서 비롯했다.

¶단월(檀越): 〈불교〉 자비심으로 조건 없이 절이나 승려에게 물건을 베풀어 주는 일. 또는 그런 일을 하는 사람.

¶단두(檀頭): 〈불교〉 한 절에 딸린 단월(檀越)의 우두머리.

단월檀越은 앞에서 이미 설명한 바 있고, 단두檀頭의 풀이가 아무래도 석연치 않았다. 시주하는 사람들 사이에도 우두머리가 있다는 사실이 언뜻 이해되지 않았기 때문이다. 단두檀頭라는 말이 쓰인 용례 자체를 찾기 어려웠는데, 대만에서 펴낸『불광대사전佛光大辭典』에서 정체를 확인할 수 있었다.

日本稱信徒所屬之寺院爲檀那寺(일본칭신도소속지사원위단나사). 所屬之信徒爲檀家.檀徒(소속지신도위단가단도) 又檀徒中之頭首稱爲檀頭(우단도중지두칭위단두). (번역) 일본에서 신도가 소속된 사원을 단나사라 한다. 소속된 신도는 단가 혹은 단도라 부른다. 또 단도 중에서 우두머리를 단두라고 일컫는다.

위에 나오는 용어들을『표준국어대사전』에서 만나 볼 수 있다.

¶단가(檀家): 〈불교〉 절에 시주하는 사람의 집.

¶단도(檀徒): 〈불교〉 시주하는 사람들.

¶단나사(檀羅寺): 〈불교〉 단가(檀家)에서 지어 준 절.

단도檀徒는 단신도檀信徒라고도 하며, 단두檀頭와 함께 모두 일본 불교계에서 사용하는 용어들이다.『표준국어대사전』풀이에서 그런 사실을 밝혀주지 않다 보니 마치 우리 불교 용어인 것으로 착각하게 된다.

　일본의 불교사를 공부하다 보면 반드시 만나게 되는 게 단가 제도다. 위에 소개한 '종문개'와 '종지인별장'의 풀이에서 보는 것처럼 모든 사람은 반드시 자기 고장에 있는 가까운 단가(檀家)에 적을 두도록 했다. 조상이 특정한 단가에 적을 두면 후손들도 당연히 그 단가의 신도가 되는 구조였으며, 거기서 단두(檀頭)라는 용어가 나오게 되었다. 그런 다음 단가는 자신이 거느린 신도들의 장례나 제사를 도맡았으며, 신도들은 그에 대한 대가로 시주를 했다. 이런 제도가 오래도록 지속되었으며, 지금도 일본 사람들은 대부분 절에서 장례를 치른다. 이런 제도 덕에 절의 재정이 안정되다 보니 일본의 승려는 일종의 직업인처럼 여겨지기도 한다. 또한 일본의 불교 종파는 상당수가 대처승을 허용하고 있는 까닭에 세습 승려가 많고, 승려가 자신의 사찰을 자식에게 물려주는 일도 흔하다.

　¶도세염불(渡世念佛): 〈불교〉 신앙을 위한 것이 아니고 생활 수단으로 외는 염불. 또는 그렇게 염불하는 사람.

　국어사전에서 도세(渡世)를 찾으면 '세상을 건넌다는 뜻으로, 세상을 살아감을 이르는 말'이라고 나온다. 그런데 이 한자어를 일본어 사전에서 찾으면 생업이나 직업을 뜻하는 말로 풀이하고 있다. 도세염불은 일본에서 직업 승려들과 관련해서 사용하는 말이다.

　¶주산(朱傘): 〈불교〉 불좌 또는 높은 좌대를 덮는 장식품. 나무나 쇠붙이로 만들어 법회 때 법사의 위를 덮는다. 원래는 인도에서 햇볕이나 비를 가리기 위하여

쓰던 우산 같은 것이었다.

'법사'에 한자 표기가 없는데, 문맥상 설법하는 승려를 뜻하는
'法師'가 아닐까 싶다. 그러므로 주산^{朱傘}은 승려가 야외에서 설법할
때 햇살을 막아 주려고 씌워주던 우산 형태의 물건을 뜻하는 걸로
보인다.

¶朱傘: 地紙を朱色に染めたさし傘. 長柄をつけ, 戸外の法会儀式などで導師·貴
人などにさしかざして日よけの用とした.
(번역) 바탕 종이를 주홍색으로 물들인 우산. 긴 자루를 달고 옥외의 법회의식
등에서 도사·귀인 등에게 지시하여 햇빛을 가리는 용도로 삼았다.

풀이에 법사^{法師} 대신 도사^{導師}가 나온다. 도사^{導師}는 일본에서 쓰
는 용어라 우리 국어사전에는 실려 있지 않다. 그래서 국어사전 풀
이를 하며 도사' 대신 법사라고 했을 것이다. 주산^{朱傘} 대신 우리는
보통 천개^{天蓋}라는 용어를 쓰며 승려가 아닌 불상을 덮는 용도로 쓴
다. 절에 가서 승려의 머리 위로 붉은색으로 된 우산 형태의 물건을
씌워주는 걸 본 사람이 과연 있을까?

¶가권진(歌勸進): 〈불교〉 불공을 드릴 때에 노래하는 일.

우리는 이런 용어를 사용하지 않았다. 『고지엔^{広辞苑}』에 이렇게 나
온다.

¶歌勧進: 仏事供養のために、和歌を募り集めること.

(번역) 불사공양을 위해 와카和歌를 모집함.

와카和歌는 일본의 전통 시가詩歌를 뜻하는 용어다. 끝으로 낱말 하나만 더 보기로 하자.

¶주직(住職): 1. 〈불교〉 주지의 직무. 2. 〈불교〉 절을 주관하는 승려.

절의 대표 스님을 일컫는 주지직住持職이 줄어서 된 말인데, 일본에서 주로 쓰는 용어다. 우리는 그냥 주지住持라고만 한다.

신판^{神判}과 탐탕^{探湯}

중세를 흔히 암흑기라고 한다. 교회가 세속 권력까지 장악하면서 신이라는 이름의 권위를 빌려 자유로운 사상과 학문의 자유를 억눌렀다는 게 그 이유다. 그러면서 가장 많이 예로 드는 게 마녀재판 혹은 마녀사냥이라고 부르는 잔혹 행위다. 재판보다는 사냥이라는 말이 적합할 정도로 재판 과정과 처형 절차까지 비합리와 가혹함으로 일관했다.

이와 비슷한 내용을 가진 낱말이 국어사전에 실려 있다.

¶신판(神判): 점이나 탁선(託宣) 따위로 얻은 결론을 신의 뜻으로 받아들이고 그에 따르는 일. 또는 그 신의 뜻으로서의 표지.

¶神判: 占卜託宣などによって得た結論を神意として受けとり、それに従うこと。また、その神意としての徵証.

뒤는 『일본국어대사전^{日本国語大辞典}』의 풀이인데 군이 번역하지 않고 사용된 한자만 보아도 둘이 똑같다는 걸 알 수 있다. 같은 낱말을 『다이지린^{大辞林}』은 어떻게 풀이하고 있는지 보자.

¶神判: 超自然的存在の意志を受けて判定を行う裁判. 日本古代の探湯などはその例. 神明裁判.

(번역) 초자연적 존재의 의지를 받아 판정하는 재판. 일본 고대의 탐탕 등은 그 예. 신명재판.

끝에 붙은 말을 통해 신판은 신명재판이 줄어서 된 말이라는 걸 알 수 있다. 『일본국어대사전日本国語大辞典』의 풀이에 나오는 탁선託宣도 『표준국어대사전』에 실려 있는데, 신판과 탁선은 모두 일본 사람들이 쓰는 말이고 우리는 사용하지 않는 말이다. 그런데 『다이지린大辞林』에 나오는 탐탕探湯이란 건 또 뭘까? 이 말도 『표준국어대사전』에 실려 있다.

¶탐탕(探湯): 끓는 물에 손을 넣어 본다는 뜻으로, 더위에 괴로워하는 모양이나, 고생하거나 두려워하여 경계하는 모양 따위를 비유적으로 이르는 말.

¶盟神探湯・探湯・誓湯: 神明裁判の一種. 古代, 裁判上, 真偽正邪を裁くのに神に誓って手で熱湯を探らせたこと. 正しい者はただれず邪よこしまな者はただれるとする.

(번역) 신명재판의 일종. 고대 재판에서 사실과 거짓, 바르고 사악함을 가리기 위해 신에게 맹세하고 손으로 뜨거운 물을 만지게 한 것. 바른 자는 문드러지지 않고 사악한 자는 문드러진다고 여긴다.

『표준국어대사전』의 풀이는 이런 내용을 전혀 담고 있지 않다. 다른 일본어사전에서 신명재판의 일종이라는 풀이와 함께 『표준국어대사전』에 나오는 풀이를 함께 싣고 있는 경우가 있긴 한데, 나중에 일반적인 용법으로 변해서 사용되기도 한 모양이다. 그렇다 할지라도 탐탕探湯은 고대 일본에서 시행하던 일종의 마녀사냥과 같은 풍습이라는 걸 『표준국어대사전』 편찬자들은 모르고 있거나 외면한 게 아닌가 싶다.

마녀사냥은 중세 서양에서만 있었던 게 아니다. 『표준국어대사전』에 실린 다음 낱말들을 보자.

¶작미신판(嚼米神判): 〈역사〉 고대 중국·인도에서, 쌀을 씹게 한 뒤 입 안에서 피가 나는지를 조사하여 유죄·무죄를 판가름하던 신판.

¶비유신판(沸油神判): 〈역사〉 고대 중국과 인도에서, 신(神)의 이름으로 죄의 여부를 가리던 방법. 끓는 기름 속에 넣어 둔 화폐를 꺼내게 하여 화상을 입는지의 여부로 사리의 옳고 그름을 가렸다.

¶신수신판(神水神判): 〈역사〉 고대 인도에서, 악마의 상(像)이 담긴 냉수를 마시게 하여 병이나 재해가 일어나는가를 보아 진위를 가리던 신판.

¶철화신판(鐵火神判): 〈역사〉 고대 인도나 유럽에서 널리 쓰던 신판 방법의 하나. 빨갛게 달군 쇳덩어리를 쥐거나 혀로 핥게 한 뒤에, 그 부상(負傷) 여부를 보아 범죄를 판정한다.

¶수신판(水神判): 〈역사〉 고대에, 용의자를 손발을 묶은 채 일정한 시간 동안 물속에 잠기게 하여 그 생사(生死)에 따라 옳고 그름을 판단하던 신판(神判) 방법.

¶칭신판(秤神判): 〈역사〉 고대 인도에서, 피의자의 몸무게를 두 번 재어서 전후의 경중(輕重)으로 죄의 유무를 판정하던 신판(神判).

신판의 종류를 나열했는데, 근대 이성의 눈으로 판단하면 하나같이 무지에 사로잡힌 사람들이 실시하고 따르던 악행이라 할 만하다.

하지만 지금의 시각으로 고대의 풍속을 판단할 수는 없는 일이니, 당시에는 저렇게 비합리적인 재판도 있었구나 하고 넘어가는 수밖에 없다. 신판의 종류를 나타내는 이런 용어들은 일본어사전에도 실려 있지 않으며, 일본에서 펴낸 백과사전에 나오는 용어들이다. 국어사전이 백과사전이나 상식사전을 흉내 내는 쪽으로 가서는 안 되는 일이기도 하지만, 일본의 백과사전에 나오는 용어들까지 끌어들일 정도의 정성을 제대로 된 국어사전 만들기에 쏟으면 좋았겠다는 아쉬움을 지울 수 없다.

종교와 관련해서 낱말 두 개만 짚고 넘어가기로 하자.

¶왕자신앙(王子信仰): 〈종교 일반〉 신이 왕자가 되어 세상에 나타난다고 하는 신앙.

일본어사전에는 없지만 일본의 여러 백과사전에서 저 용어를 다루고 있다. 일본 사람들은 신도 사람처럼 자식이 있다고 믿었으며, 일본의 민간신앙 중 하나다.

¶각신동격교(各神同格敎): 〈종교〉 일반 여러 신의 지위가 평등하여 상하와 귀천의 구별을 두지 않는 종교. 인도의 베다교가 이에 속한다.

우리가 사용하지 않는 용어이며, 『일본국어대사전日本国語大辞典』에 실린 말이다.

¶各神同格敎: 諸神の地位が平等で,その間に上下の区別がない宗教.
(번역) 여러 신의 지위가 평등하고 그 사이에 위아래의 구별이 없는 종교.

불로장생의 꿈을 담은 문^門

영원히 늙지 않고 장수하는 건 인간의 오랜 꿈이다. 진시황이 불로초를 얻기 위해 수천 명의 동자들을 뽑아 우리나라까지 보냈다는 이야기를 모르는 사람은 거의 없다. 그런 전설이 아니더라도 불로장생^{不老長生}이니 불사영생^{不死永生}이니 하는 낱말들이 국어사전에 올라 있는 것만 보더라도 오래 살고 싶어하는 인간의 욕망을 충분히 짐작할 수 있다. 불로장생을 기원하는 마음을 담은 건축물 이름 하나가 국어사전에 실려 있다.

¶불로문(不老門): 중국 뤄양(洛陽)에 있는 성문의 하나.

풀이에 '성문의 하나'라고 했으니 여러 문 중의 하나일 텐데, 뤄양에 있는 다른 문의 이름은 찾을 수 없다. 왜 하필 불로문만 국어사전에 표제어로 실었을까? 불로문에 특별한 사연이나 의미가 있거나 거대한 위용을 자랑한다든지 하는 이유가 있어야 할 법한데, 풀이에 특별한 설명이 없으니 국어사전에 올린 사유가 궁금하다. 이리저리 검색을 해봐도 뤄양의 불로문을 소개하거나 안내하는 글을 찾을 수 없다.

불로문이 우리 국어사전에 실리게 된 이유는 일본어사전에 표제어로 올라 있기 때문일 거라는 게 내 추론이다. 우리 국어사전에 실린 낱말 중 상당수가 일본어사전을 그대로 베껴서 싣고 있기 때문이다.

대부분의 일본어사전에 불로문不老門이 표제어로 실려 있으며, 풀이는 대동소이하다. 그중에서 『고지엔広辞苑』에 실린 풀이를 보자.

¶不老門: 1. 中国, 洛陽城門の一つ. 2. 平安京大内裏の豊楽院(ぶらくいん)の北面
にあった門.

(번역) 1. 중국 뤄양 성문의 하나. 2. 헤이안쿄 다이다이리의 풍락원의 북쪽에 있
는 문.

헤이안쿄平安京는 지금의 교토 시를 말하고 다이다이리大内裏는 일본 왕이 머물던 궁궐이다. 두 풀이 중에서 첫 번째 항목만 가져와서 우리 국어사전에 실었을 것이다. 국어사전 안에 외국의 유명한 유물이나 사적史蹟 명칭이 수없이 실려 있으니, 뤄양의 불로문이 실려 있다고 해서 뭐라 할 일이 아닐 수는 있다. 그럼에도 찜찜한 마음은 가시지 않는다. 국어사전에 등재하기 위한 외국의 사적 명칭을 선정하는 기준이 없다는 것과 일본어사전에서 끌어온 말로 보인다는 점이 불편한 마음을 불러일으키기 때문이다.

뤄양성에서 가장 유명한 문은 무엇일까? 불로문은 찾아보고 싶어도 눈에 안 띄지만, 그에 반해 세계인들이 알아주는 가장 유명하고 대표적인 문은 정정문定鼎門이다. 현재 '수·당 뤄양성 정정문定鼎門 유적지'가 세계문화유산으로 등재되어 있다. 뤄양은 여러 왕조의 수도

역할을 한 만큼 여러 차례 성을 쌓았는데, 수나라와 당나라 때 축성한 뤄양성이 보존되어 있다. 불로문 대신 정정문이 우리 국어사전 표제어에 올랐다면 그럴 수 있겠다고 고개를 끄덕일 수는 있겠다.

일본이 자신들의 사전에 표제어로 불로문을 실은 건 뤄양의 불로문을 앞세워 자국에 있는 불로문을 내세우고 싶었기 때문이 아닐까? 그렇다면 우리나라에는? 세계문화유산으로 지정된 창덕궁에 가면 불로문을 만날 수 있다. 조선 시대에 왕들의 무병장수를 기원하기 위해 만든 문으로, 애련지와 연경당으로 들어가는 입구에 세웠다. 화강암 통돌을 다듬어 거꾸로 세운 ㄷ자 모양을 하고 있는 석문으로, 상단에 전서체로 '不老門'이라고 새겼다.

규모는 크지 않지만 모양이 독특하고 아름다워 사람들의 눈길을 잡아끄는 건축물이다. 그래서일까? 이 불로문의 형상을 그대로 본뜬 건축물을 여러 군데 세웠다. 청와대 정원 입구에도 불로문이 있는데, 트럼프 미국 대통령이 방한했을 때 김정숙 여사가 멜라니아 여사와 불로문 아래로 지나가며 불로문의 의미를 설명해 주어 화제가 되었다. 그런가 하면 국립무형유산원 앞마당과 경복궁역 안에도 있다. 그뿐이 아니다. 워싱턴에 있는 주미 대한제국공사관 건물을 한인 교포들이 매입하여 박물관으로 꾸몄는데, 바깥 정원에 불로문을 세웠다. 1995년에 한국의 전통 문을 소재로 한 우표 시리즈를 발행할 때도 불로문을 선정해서 넣었다.

이 정도라면 마땅히 우리 국어사전에 올라갈 자격이 있지 않을까? 그런데 뜬금없이 중국의 불로문을 가져다 놓은 반면 우리가 자랑해도 좋을 불로문에 대한 항목은 없으니 어찌 된 일인지 영문을 모르겠다.

요선僚船의 정체

다른 모든 것이 그렇듯 운송 수단인 배의 종류도 무척 많다. 그러니 각각의 배를 이르는 명칭도 다양하리란 건 자명한 사실이다. 그렇다면 다음의 배 이름은 어떨까?

¶요선(僚船): 〈교통〉 같은 함대나 선단(船團)에서 그 대열에 딸린 배. 또는 같은 임무를 띤 배.

나만 낯설게 느끼는 낱말은 아닐 것이다. 인터넷에 검색해 봐도 용례를 찾기 힘들었다. 곧바로 일본 한자어가 아닐까 하는 의심이 들어 일본어사전을 뒤졌다. 그랬더니 대부분의 일본어사전에 실려 있는 낱말이다.

¶僚船: 仲間の船. 同じ仕事に従事する他の船.
(번역) 같은 무리의 배. 같은 임무에 종사하는 다른 배.

역시 내 짐작이 맞았구나 하다가 확인 차 다시 국어사전의 풀이를 보았다. 그랬더니 표준국어대사전의 풀이 다음에 예문 하나가 실린 걸 발견했다.

혹시라도 귀국 해안으로 숨어들까 염려되니 각별히 방어하시오. 그리고 만약 요선이 그곳에 이르면 오르지 못하게 하시오. 『번역 인조실록』.

번역문으로 되어 있어 다시 원문을 찾아보았다. 그랬더니 해당 대목이 "如有遼船到彼(여유요선도피), 不容上岸(불용상안)"으로 되어 있고, 풀이는 예문과 같다. 이 대목의 앞 내용은 가도 부총^{假島副摠} 심세괴^{沈世魁}가 인조에게 보낸 문서라고 되어 있다. 상황을 제대로 이해하기 위해서는 '가도사건'이라는 것부터 알아야 한다. 이 용어가 〈우리말샘〉에 실려 있다.

¶가도사건(椵島事件): 〈역사〉 조선 인조 원년(1623)에 가도를 둘러싸고 조선, 명나라, 후금(後金) 세 나라 간에 얽힌 외교적 사건. 명나라 랴오둥(遼東)의 도사(都司) 모문룡이 후금의 공격에 쫓겨 조선의 가도에 진을 치고 후금과 대결하였는데, 중간에서 조선의 입장이 난처했으나 명나라가 스스로 모문룡을 유인하여 죽임으로써 끝이 났다.

이 사건 이후 명나라의 심세괴^{沈世魁}가 도독으로 부임했으며, 후금에서 이름을 바꾼 청나라가 심세괴를 치려 하니 원군을 보내라고 인조에게 요청했다. 이 사실을 안 심세괴가 다시 인조에게 청나라의 배가 해안에 이르지 못하도록 해달라는 요청서를 보냈다는 게 위에서 인용한 인조실록의 내용이다.

이런 사실을 확인한 다음 '요선僚船'은 일본뿐만 아니라 중국에서도 사용했던 낱말이구나 싶어 잠시 허탈했다. 그러다 다시 반전이 일어났다. 눈치 빠른 독자는 알아차렸겠지만 요선의 한자가 서로 달랐다. 국어사전과 일본어사전에 실린 건 '僚船', 인조실록에 실린 건 '遼船'이 아닌가! 다시 한 번 머리를 감싸고 추론을 시작해야 했다. 인조실록에 실린 '遼船'을 국어사전의 풀이대로 해석하면 어딘지 어색하다. '僚'는 동료의 뜻을 담고 있어 국어사전의 풀이와 맥락을 같이 한다. 반면 '遼'는 여러 뜻이 있는데, 그중에 '요하遼河'를 가리키는 뜻도 있다. 요하遼河는 만주의 남쪽으로 흐르는 강 이름이고, 그래서 예전에 거란족이 만주를 장악한 다음 국가명을 요나라로 삼기도 했다. 가도椵島는 압록강 아래쪽에 있는 섬이고, 압록강을 건너면 만주 땅이 시작된다. 심세괴가 말한 요선遼船은 요하를 따라 내려오는 배를 가리키지 않았을까 하는 게 내 추론이다.

어렵게 여기까지 왔는데,『표준국어대사전』편찬자는 인조실록의 예문을 가져오면서 한문으로 기록된 원문을 확인하지 않았음이 분명하다. 일본어사전에 실린 낱말이라는 것도 몰랐을 테고. 어떤 경로로 저 낱말을 찾아서 국어사전 안에 신게 됐는지 정말로 궁금하다.

『표준국어대사전』에 요선僚船과 같은 뜻을 지닌 요정僚艇이라는 낱말도 실려 있다는 사실을 덧붙인다. 물론 일본어사전에 올라 있는 말이다.『표준국어대사전』은 두 낱말을 똑같은 내용으로 풀이했지만 일본어사전에서는 요정僚艇을 함께 움직이는 작은 배라고 했다. 요선보다 작은 게 요정이라는 건데,『표준국어대사전』편찬자가 그런 사실도 몰랐으리란 건 하나 마나 한 얘기일 게 틀림없다.

그 밖의 말들

¶**읍성**(邑城): 한 도시 전체를 성벽으로 둘러싸고 곳곳에 문을 만들어 외부와 연결하게 쌓은 성. 중국의 성곽에서 흔히 볼 수 있다.

¶**邑城**: 中国または中国風の城で村落や都市全体を城壁でとりかこみ,所々に門を設けて外部と通じるようにしたもの。

(번역) 중국 혹은 중국풍의 성으로 촌락이나 도시 전체를 성벽으로 에워싸고 곳곳에 문을 만들어 외부와 통하도록 한 것이다.

우리나라에도 해미읍성이나 고창읍성처럼 유명한 읍성이 있다. 그런데도 『표준국어대사전』은 중국의 예만 들었다. 일본어사전에서 풀이를 가져왔기 때문이다.

¶**천문만호**(千門萬戶): 1. 수많은 백성들의 집. 2. 대궐의 많은 문호를 이르는 말.

'대궐의 많은 문호'라고 했는데, 정확히 풀이하자면 천 개의 커다란 문과 만 개의 작은 문이라고 해야 한다. 문^門은 좌우 양쪽에 문짝이 달린 문이고, 호^戶는 문짝 하나로만 이루어진 작은 문을 가리키는 한자이기 때문이다. 첫 번째 풀이로 제시된 '수많은 백성들의 집'은 어디서 온 걸까? 호^戶가 집을 가리키는 말로도 쓰였기 때문일 텐데, 그래도 어딘지 미심쩍은 마음이 든다. 만호^{萬戶}는 많은 집을 가리키는 말로 쓸 수 있지만 앞에 붙은 천문^{千門}까지 집으로 보기에는 무리가 따르기 때문이다. 일본어사전에서 '千門萬戶'를 찾으니 대궐과 관련한 풀이는 없고, '많은 집' 혹은 '인가가 밀집한 곳'이라는 풀이만 나온다. 우리 쪽 옛 기록에 천문만호라는 말을 쓴 용례가 보이기는 해도, 대개는 '천문만호가 열린다'처럼 '수많은 문'이나 '모든 문' 정도의 의미를 담아서 썼다. 백성들의 집이라고 한 첫 번째 풀이는 일본어사전의 영향을 받은 내용이다.

자연 용어

製졩는 글지슬 씨니 御ᅌᅥᆼ製졩는 님금 지ᅀᅳ샨 그리라 訓훈은 ᄀᆞᄅᆞ칠 씨오 民민은 百ᄇᆡᆨ姓셩이오 音ᅙᅳᆷ은 소리니 訓훈民민正졍音ᅙᅳᆷ은 百ᄇᆡᆨ姓셩 ᄀᆞᄅᆞ치시논 正졍ᄒᆞᆫ 소리라

國귁之징語ᅌᅥᆼ音ᅙᅳᆷ이
國귁ᄋᆞᆫ 나라히라 之징ᄂᆞᆫ 입겨지라 語ᅌᅥᆼᄇᆞᆷ은 말ᄊᆞ미라

나랏말ᄊᆞ미
異잉乎萼中듀ᇰ國귁ᄒᆞ야
異잉ᄂᆞᆫ 다ᄅᆞᆯ 씨라 乎萼ᄂᆞᆫ 아모그에 ᄒᆞ논 겨체 ᄡᅳ는 字ᄍᆞ

눈[雪]과 관련한 말들

일본은 우리보다 눈이 많이 오는 나라다. 특히 홋카이도 지방은 폭설로 유명하다. 그런 만큼 일본은 눈과 관련한 낱말이 무척 많다. 그런 낱말 중에서 우리 국어사전에 실린 것 몇 개를 살펴보려고 한다.

¶우산(雨霰): 비와 싸라기눈을 아울러 이르는 말.

¶급산(急霰): 갑작스럽게 내리는 싸라기눈.

산霰은 싸라기눈을 뜻하는 한자니, 위 낱말의 풀이 자체는 별문제가 없어 보인다. 다만 우리가 저런 낱말을 만들어서 썼느냐 하는 점을 따져봐야 할 텐데, 그런 용례를 찾기 힘들다. 『고지엔広辞苑』에서 두 낱말을 찾아보았다.

¶雨霰: 1. 雨と霰. 2. 弾丸などが激しく降りそそぐさま.

(번역) 1. 비와 싸라기눈. 2. 총알이 빗발치듯 쏟아지는 모양.

¶急霰: にわかに降る霰あられ.また,霰のあわただしく打つ音.「一の如き拍手」

(번역) 갑자기 내리는 싸라기눈. 또, 싸라기눈이 세차게 치는 소리. (~와 같은 박수)

우산雨霰과 급산急霰은 모두 일본 사람들이 비유하는 표현으로 많이 사용하는 낱말이다. 그걸 가져오면서 한자의 뜻만 그대로 해석한 풀이를 달아놓은 게 우리 국어사전이다. 비와 싸라기눈을 합쳐 이르는 말을 대체 어떤 용도로 사용할 수 있을까? 그런 점만 생각해 보아도 그 자체로는 별 쓸모가 없는 말임을 짐작할 수 있다.

¶배설(排雪): 쌓인 눈을 길바닥이나 열차 선로(線路) 따위에서 치워 버림. 또는 그 눈.

¶설소차(雪搔車): 쌓인 눈을 치워 없애는 차.

두 낱말 역시 일본 사람들이 만든 한자어다. 배설排雪은 일제 식민지 시기에 우리도 잠시 쓴 적이 있지만 어디까지나 빌려온 말일 뿐 우리말이라고 하기는 어렵다. 더구나 지금은 제설除雪이라는 말을 널리 쓰고, 배설排雪이라는 말이 있다는 사실 자체를 알지 못한다. 설소차雪搔車는 일본어사전에 올라 있으며, 배설차排雪車나 배설열차排雪列車 같은 말도 만들어 쓴다. 일본은 배설排雪과 제설除雪이라는 낱말을 함께 사용한다.

이쯤에서 잠시 비슷한 뜻을 가진 낱말 몇 개를 보자.

¶소설기(掃雪機): 〈기계〉 길에 쌓인 눈을 치워 없애는 기계. 트랙터의 앞면에 눈을 치우는 삽이 장착되어 있다.

¶소설차(掃雪車): 쌓인 눈을 치워 없애는 차.

¶소설꾼(掃雪꾼): 예전에, 임시로 불려 나가 대궐이나 관청의 눈을 치던 사람을 이르던 말.

조선 시대 문헌을 보면 우리도 소설掃雪이라는 말을 쓴 걸 찾을 수 있다. 그래서 소설꾼이라는 말은 얼마든지 만들어 썼을 수 있다. 하지만 소설기掃雪機나 소설차掃雪車는 우리가 만들어 쓰는 말이 아니며, 중국 사람들이 제설기나 제설차 대신 쓰는 말이다. 이렇듯 같은 뜻을 가진 한자어라도 동양 삼국이 조금씩 다른 용어를 쓰고 있음을 알 수 있다. 소설기나 소설차를 뜻하는 다른 낱말이 표준국어대사전에 있다.

¶눈치개: 〈기계〉 길에 쌓인 눈을 치워 없애는 기계. 트랙터의 앞면에 눈을 치우는 삽이 장착되어 있다.

소설기의 풀이와 똑같다. 순화어로 만든 듯한데, 상당수의 순화어가 그렇듯 언중들에게 외면받고 있는 말이다.

일본 사람들이 눈과 관련해서 사용하는 말로 돌아와서 이야기를 이어가 보자.

¶열반설(涅槃雪): 〈불교〉 음력 2월 보름 전후에 내리는 상서로운 눈.

이런 말을 들어본 사람이 있을까? 음력 2월 보름 전후면 양력으로는 3월 중순이나 하순쯤이다. 우리에게는 '봄눈'이라는 아름다운 말이 따로 있다. 일본 사람들은 봄철에 마지막으로 오는 눈을 아쉬워하는 마음이 강해서 그런 눈을 뜻하는 말이 여러 개 있고, 열반설 역시 그런 경향을 반영하고 있는 말이다. 석가모니가 음력 2월 보름에 입적했다고 해서 그날 열반회涅槃會라는 법회를 여는데, 열반설은 그 무렵에 내리는 눈이라는 뜻으로 일본 사람들이 만든 말이다.

¶공장설(工場雪): 〈지구〉 한랭지에서, 하늘이 맑고 기온이 찬 밤에 공장에서 나는 연기와 수증기가 혼합되어 얼어서 땅에 내리는 흰색의 결정체.

풀이에 나오는 현상이 일어날 수는 있다. 문제는 저 용어를 실제로 우리가 쓰고 있느냐 하는 점이다. 우리나라에서 한랭지라면 대체로 강원도 산간 지역 정도가 해당할 텐데, 그런 곳에는 공장이 거의 없거니와 저런 형태의 눈이 내린다는 얘기를 들어본 적도 없다. 당연히 일본 사람들이 만들어서 사용하는 용어다.

¶집중호설(集中豪雪): 〈지구〉 어느 한 지역에 집중적으로 내리는 눈.

국어사전에 호우豪雨는 있지만 호설豪雪은 별도 표제어로 올리지 않았다. 우리말이 아니라는 얘기다. 집중호우와 집중호설은 둘 다 일본에서 건너온 말인데, 집중호우는 널리 쓰고 있는 말이라 이제 와서 없애자고 하기는 어렵다. 그에 반해 집중호설은 누구도 쓰지 않는 말이므로 굳이 국어사전에 모셔 둘 이유가 없다.

낯선 선인장 이름

선인장 종류는 전 세계에 2,000종 이상이 있다고 한다. 주로 아메리카 대륙이 원산지이지만 우리나라에서 자생하는 선인장도 있다.

¶부채선인장(—仙人掌): 〈식물〉 선인장의 하나. 크기는 30~40cm 정도로, 4~5월에 열매에 꽃이 피고 11~1월에 자주색으로 열매가 익는데 열매는 식용한다. 우리나라의 제주도에 자생한다.

부채선인장을 다른 말로 손바닥선인장이라고도 한다. 제주에서 자라는 선인장의 줄기 모습이 얇은 부채나 손바닥처럼 생겼다고 해서 붙인 이름이다. 선인장仙人掌이라는 한자어에 '손바닥 장掌'이 들어간 것도 그런 까닭에서다. 오래 자라야 꽃이 핀다고 해서 '백년초百年草'라고도 하며, 이 말도 국어사전에 있다. 요즘 건강에 좋다고 해서 백년초 열매를 많이 찾다 보니 부채선인장이라는 이름보다 백년초라는 이름이 더 익숙한 사람이 많을 듯하다.

수많은 선인장 이름을 우리 국어사전에 모두 올릴 수는 없는 일이어서 현재 10여 개 정도의 이름만 올라 있다. 그중에서 『표준국어대사전』에만 나오는 이름 몇 개를 살펴보자.

¶흰털선인장(――仙人掌): 〈식물〉 선인장과의 여러해살이 다육성 식물. 높이는 1미터 정도로 짧은 원기둥꼴이며, 15~25개의 모가 나 있다. 온몸이 가늘고 작은 흰털로 덮여 있다. 남아메리카 안데스산맥이 원산지로 1958년에 우리나라로 들어왔다. ≒백운면.(Cereus trollii)

높이가 1미터 정도라고 했는데, 내가 찾아본 대부분의 자료에서는 그보다 훨씬 작으며 가장 크게 자라도 60센티미터 정도라고 되어 있다. 풀이 중에 '모가 나 있다'라는 구절을 보면서는 줄기가 매끈한 원기둥이 아니라 여러 개의 골이 세로로 갈라져 있는 모습을 떠올렸다. 그러다 다음 선인장의 풀이를 보면서 고개를 갸웃거려야 했다.

¶갈고랑이선인장(―――仙人掌): 〈식물〉 선인장의 하나. 높이는 10~20cm이며, 지름은 7.5cm 정도로 전체는 원기둥 모양이다. 모(毛)는 9~10개로 검붉은 색의 꽃이 핀다. 텍사스가 원산지이며 관상용으로 분(盆)에 가꾼다.

여기서는 '모(毛)'라는 한자를 사용했다. 그냥 '모'라고 했을 때는 국어사전 풀이에 나오는 '면과 면이 만난 부분'정도의 뜻으로 썼을 거라고 생각해서 무심코 지나쳤다. 그런데 한자로 표기한 걸 보고 뭔가 이상하다는 느낌이 들었다. 국어사전에서 한자로 된 낱말 '모(毛)'를 찾았지만 아무리 봐도 선인장 줄기의 형태를 설명해 줄 수 있는 풀이는 없었다. 선인장을 설명한 다른 자료에서는 '모'라는 말 대신

'능^稜'이라는 말을 쓰고 있으며, 능의 수가 몇 개라는 식으로 설명하고 있다. 간혹 '등줄기'라고 표현한 곳도 있는데, 왜 국어사전에서만 '모^毛'라는 이상한 말을 쓰고 있는지 모르겠다.

『표준국어대사전』에서 '흰털선인장'의 유의어로 제시한 '백운면^{白雲綿}' 항목을 찾아가면 '흰털선인장'과 똑같은 내용으로 풀이하고 있다. 하지만 다른 자료에서는 도무지 '백운면'이라는 명칭을 가진 선인장을 찾을 수 없었다. 어찌 된 일인지 몰라 한참을 헤매다 알아낸 건 백운면^{白雲綿}이 아니라 백운금^{白雲錦}이 맞는 명칭이라는 사실이었다. 금^錦과 면^綿의 한자 모양이 비슷하다 보니 국어사전 편찬자가 헷갈린 거였다. 그리고 백운금^{白雲錦}이라는 한자 이름은 일본 사람들이 붙였다는 사실도 알아두면 좋겠다. 일본 이름을 가져오더라도 제대로나 가져왔어야 할 일이다.

선인장은 생김새에 따라 이파리 모양을 한 나뭇잎선인장^{pereskia}, 잎이 없고 줄기가 넓적한 부채선인장^{opuntias}, 줄기가 기둥 모양을 한 기둥선인장^{cactoids}으로 나뉜다.

¶세레우스(Cereus): 〈식물〉 선인장 품종의 하나. 높이는 3~7미터이며, 줄기는 원기둥 모양으로 곧게 서고 5~6개의 모가 나 있다. 가시는 누런 갈색으로 짧다. 멕시코가 원산지이다.

세레우스가 바로 기둥선인장이며, 선인장 종류 중에서 가장 커다랗다. 하지만 기둥선인장도, 나뭇잎선인장도 국어사전 표제어에는 없다. 이럴 때마다 내가 지금 대한민국의 국어사전을 보고 있는 건지 의심해보곤 한다. 앞서 소개한 흰털선인장의 학명이 'Cereus trollii'로 되어 있다. 흰털선인장 역시 작은 기둥 모양을 하고는 있지만 정확한 학명은 'Oreocereus trollii'이다. '오레오세레우스 트롤리'라고 하면 기억하고 발음하기가 너무 어려워 꽃집이나 화원에 가면 그냥 줄여서 '트롤리'라고 적어 놓은 이름을 만날 수 있다.

꽤 특이한 이름을 가진 선인장들도 있다.

¶군령(群嶺): 〈식물〉 선인장의 하나. 처음에는 둥근 모양으로 자라다가 원기둥 모양이 되는데 약 16개의 모가 있다. 관상용으로 분에 재배하며, 볼리비아의 해발 5,000미터 이상의 높은 곳에서 자란다.

여기도 '모'라는 표현을 썼다는 건 그냥 넘어가기로 하고, 해발 5,000미터 이상의 높은 곳에서 자란다는 내용을 보자. 군령이 안데스산맥의 고지대에서 자라는 건 맞다. 그래도 5,000미터 이상이라고 한정한 건 지나치며 3,000미터 이상이면 자란다. 날이 추워지면 땅속으로 몸을 숨기며, 볼리비아와 아르헨티나에서 뿌리를 감자 대신 구황 작물로 이용하려고 채취하는 바람에 개체 수가 많이 줄었다고 한다.

¶밤에 피는 선인장(──仙人掌): 〈식물〉 선인장과의 여러해살이풀. 높이는 1~3미터이며, 6~9월에 붉은빛이 도는 흰 꽃이 밤에 피어서 아침이면 시든다. 주로 온실에서 재배되며, 멕시코에서 브라질에 걸쳐 분포한다.=월하미인.

1985년 강변가요제에서 어우러기라는 팀이 불러 금상을 받은 노래인 '밤에 피는 장미'라는 노래는 알아도 '밤에 피는 선인장'이라는 이름을 가진 식물이 있다는 건 모르는 사람들이 많지 않을까? 공작선인장을 개량한 종이라고 하는데, 풀이 뒤에 나오는 것처럼 이칭이 월하미인月下美人이다. 생긴 모양이 마치 달빛 아래 선 아름다운 여인을 연상시킨다고 해서 그런 이름을 붙인 모양이다.

군령群嶺과 월하미인月下美人이라는 말은 일본 사람들이 만든 용어다. 아메리카가 원산지인 선인장들은 대개 일본을 거쳐 한국과 중국으로 퍼졌으며, 일본 사람들이 만든 한자 용어를 우리는 물론 중국도 대부분 그대로 받아서 사용하고 있다. 그 자체로 문제가 되는 건 아니지만 그렇다는 사실 정도는 알고 있어야 하지 않을까?

짐승에도 음성^{陰性}이 있을까?

식물을 분류할 때 음지식물과 양지식물로 나누는 기준이 있다는 건 다 아는 사실일 것이다. 같은 분류 기준을 사용해서 나무를 음지나무와 양지나무로 나누기도 하는데, 다른 말로 음수^{陰樹}와 양수^{陽樹}라고 한다는 건 모르는 사람이 많을 듯하다. 그런데 이보다 더 낯선 말이 국어사전 안에 있다.

¶음수(陰獸): 음성(陰性)의 짐승. 특히, 여우를 이른다.

『표준국어대사전』과 『고려대한국어대사전』의 풀이가 똑같다. 짐 승에도 음성과 양성이 있나? 그런데 왜 하필 여우일까? 음수^{陰獸}가 있으면 양수^{陽獸}도 있어야 할 것 같은데 왜 국어사전 표제어에 양수^{陽獸}라는 말은 없을까? 궁금증을 풀기 위해 우선 음성^{陰性}에 어떤 뜻이 있는지 찾아봤다.

¶음성(陰性): 1. 음(陰)의 성질. 2. 밖으로 드러나지 아니하는 성질. 3. 소극적이며 내숭스러운 성질. 4. 그늘을 좋아하는 성질. 5. 〈생명〉 동식물이 외계의 자극에 대

하여 그것을 피하거나 반대 방향으로 움직이는 성질. 6. 〈보건 일반〉 바이러스, 세균 따위의 감염 여부를 알기 위하여 생화학적, 세균학적, 면역학적 검사를 행하였을 때 피검체가 반응을 보이지 않거나 일정 기준 이하의 반응을 나타내는 일.

무척 많은 풀이가 달렸다. 저 중에서 음수陰獸와 관련된 건 뭘까? 6번이 전문 용어에 해당하는 풀이인데, 여우와 연결지어 생각하니 접점이 없어 보였다. 3번이나 4번의 풀이가 가장 가까울 것 같았으나 그렇다고 단정 짓기도 어려웠다. 이번에도 일본어사전 쪽으로 고개를 돌렸다. 다른 일본어사전에는 안 나오고 『일본국어대사전日本国語大辞典』에 다음과 같이 나온다.

¶陰獣: 陰性のけだもの。特に狐(きつね)をいう。
(번역) 음성(陰性)의 짐승. 특히 여우를 말한다.

우리 국어사전과 풀이가 똑같이 되어 있다. 한편 『일본국어대사전』을 바탕으로 해서 새롭게 펴낸 『정선판 일본국어대사전精選版 日本国語大辞典』에서는 에도江戸 시대에 성행한 서민문학인 우키요조시浮世草子의 대표작 중 하나인 『세간첩형기世間妾形気』에 음수陰獣라는 말이 나온다고 출처를 밝혀 놓았다.

다른 기록을 보니 중국에서 여우가 밤에 주로 활동하는 동물이라 음수陰獣라고 했다는 내용이 나오지만 그런 설의 정확한 출처는 확인되지 않는다. 중국어사전은 물론 중국의 인터넷 백과사전인 바이두 백과百度百科에서도 그런 말은 나오지 않는다. 일본어사전에 나온 말을 아무런 검토 없이 가져다 실은 셈이다.

그 밖의 말들

¶여죽(女竹): 여자가 쓰는 담뱃대.

조선 시대에 여성들도 담뱃대를 이용해서 담배를 피우기는 했다. 그리고 장죽長竹처럼 '대 죽竹'이라는 한자가 담뱃대의 뜻으로 쓰이기도 했다. 하지만 여죽女竹을 여자가 쓰는 담뱃대라고 한 건 엇나가도 한참 엇나갔다. 여죽女竹은 일본 사람들이 해장죽海藏竹을 가리킬 때 쓰는 말이다. 한일사전에서 해장죽을 찾으면 여죽이라는 풀이가 나온다. 먼저 『표준국어대사전』에 나오는 해장죽의 풀이를 보자.

¶해장죽(海藏竹): 〈식물〉 볏과의 상록성 식물. 줄기의 높이는 6〜7미터이며, 마디의 사이가 길고, 잎은 좁은 피침 모양이다. 5월에 보라색의 잔꽃이 잎겨드랑이에 원추(圓錐) 화서로 피고 열매는 긴 타원형의 영과(穎果)로 가을에 익는다. 줄기는 낚싯대, 지팡이로 쓰고 죽순은 식용한다. 일본이 원산지로 바닷가나 촌락 부근에서 자라는데 우리나라 남부 지방에 분포한다.

풀이 중에 원산지가 일본이라는 말이 나온다. 이번에는 『고지엔『広辞苑』에 나오는 여죽女竹의 풀이를 보자.

¶女竹·雌竹: ササの一種. 各地の海岸や川岸に生える. 高さ6メートル. 節は平らかで節間は50センチメートルにもなる. 白粉が着生竹の皮は脱落しない. 春淡紫色の花を開くことがある. 稈は垣·笛·竿·かご·煙管キセルなどの材料.

(번역) 조릿대의 일종. 각지의 해안이나 강기슭에 난다. 높이 6미터. 마디는 평탄하고 마디 간격은 50센티미터나 된다. 하얀 가루는 착생하고 대나무 껍질은 탈락하지 않는다. 봄에 옅은 자줏빛 꽃을 피우기도 한다. 짚은 울타리, 피리, 장대, 바구니, 담뱃대 등의 재료.

여죽, 즉 해장죽을 이용해 담뱃대를 만들기도 했지만 여죽이란 말이 담뱃대의 뜻을 가진 건 아니다. 그냥 대나무 종류를 가리킬 때 쓰는 일본말이다.

¶예두(銳頭): 뾰족한 머리.

뾰족한 머리가 있으면 뾰족하지 않은 머리도 있을 것 같아 찾아보니 아래 낱말이 보인다.

¶둔두(鈍頭): 〈식물〉 잎사귀, 꽃받침 조각, 꽃잎 따위의 끝이 무딘 것.

이상하게도 여기는 머리라는 뜻이 들어 있지 않다. 더구나 둔두는 식물 용어라면서 예두에는 왜 그런 내용이 안 들어갔을까? 이상하게 생각하는 게 내 잘못은 아니지 싶었다. 예두와 둔두가 일본어사전에 나온다.

¶鋭頭: 先端がとがって鋭形になっていること. 葉·花弁などにいう.

(번역) 끝이 뾰족하고 날카로운 것. 잎과 꽃잎 같은 것을 말한다

¶鈍頭: 先端が鈍角をなすもの. 葉片·花弁などにいう.

(번역): 끝이 둔각을 이루는 것. 잎사귀와 꽃잎 같은 것을 말한다.

일본어사전에서 두 낱말을 가져오면서 예두의 풀이를 엉뚱하게 서술하고 말았다.

¶광엽수(廣葉樹): 〈식물〉 잎이 넓은 나무의 종류. 떡갈나무, 뽕나무, 상수리나무, 오 동나무 따위가 있다.

활엽수에 해당하는 일본식 한자어다. 일본에서는 활엽수라는 말보다 광엽수라는 말을 많이 쓴다. 일본어사전에서 활엽수^{闊葉樹}를 찾으면 대개 '광엽수의 구칭^{広葉樹の旧称}'이라고 나온다. 일본에서는 복잡한 한자를 간단한 형태로 만든 약자^{略字}를 많이 쓴다. 넓다는 뜻의 '廣'을 '広'으로 쓰는 식이다. 이렇게 새로 만든 글자들을 일본에서는 신자체^{新字体}라고 한다. '闊'에 해당하는 약자가 없다 보니 표기가 쉬운 '広'을 사용한 '広葉樹'를 많이 쓰게 되었다. 그걸 우리 국어사전이 끌고 들어왔다.

¶옥총(玉葱): 〈식물〉 백합과의 두해살이풀. 꽃줄기의 높이는 50~100cm이며, 잎 은 가늘고 길며 원통 모양이다. 9월에 흰색 또는 연한 자주색의 꽃이 산형(繖形)

화서로 피고 땅속의 비늘줄기는 매운맛과 특이한 향기가 있어서 널리 식용한다. 페르시아가 원산지이다.=양파.

무척 자세하게 풀이했다. 하지만 맨 끝에 제시한 동의어를 보기 전까지는 이 말이 양파를 가리킨다는 걸 알기는 쉽지 않다. 양파를 중국에서는 호총胡蔥이라 부르고, 이 말은 허준의 『동의보감』에도 실려 있으나 국어사전에는 오르지 못했다. 양파를 일컫는 일본말을 『표준국어대사전』에서 어떻게 처리했는지 알아보자.

¶다마네기《[일본어]tamanegi[玉蔥]》: 〈식물〉 → 양파.

다마네기 대신 양파라고 부르라는 말이다. 그런데 위 항목을 잘 보면 옥총玉蔥이라는 한자어가 보인다. 옥총玉蔥을 일본 발음으로 읽으면 다마네기たまねぎ가 된다. 다마네기는 누가 봐도 일본말이란 걸 알 수 있다. 반면 옥총玉蔥이 일본에서 온 말인지 아는 사람은 거의 없다. 그런 옥총을 국어사전 표제어로 삼고 장황하게 풀이한 반면, 우리가 오랫동안 써왔던 호총은 국어사전에서 밀어냈다. 식민지 시기에 일본말의 영향을 받아 우리도 옥총을 쓰기는 했다. 하지만 다마네기라는 말이 우리 곁에서 거의 사라졌듯 옥총이라는 말도 이제는 사용하는 사람이 거의 없다. 더구나 호총에 대한 대우와 너무 차이가 난다.

¶수면화산(睡眠火山): 〈지구〉 옛날에는 분화하였으나 지금은 분화를 멈춘 화산.

일본에서는 수면睡眠을 휴면休眠과 같은 의미로 사용하는 경우가 많다. 우리는 수면화산이라는 말 대신 휴면화산과 휴화산이라는 말을 사용한다. 비슷한 예로 국어사전에 수면계좌睡眠計座라는 말을 실어 놓았는데, 우리가 사용하는 정식 용어는 휴면계좌다. 일본에서는 계좌 대신 구좌口座라는 용어를 사용하고 있으며, 일본어사전에 수면구좌睡眠口座가 표제어로 올라 있다.

¶존재녹지(存在綠地): 도시에 사는 사람들이 간접적으로 혜택을 받을 수 있는 녹지대. 산림이나 근교 농업 지대 따위이다.

우리는 안 쓰는 말이며, 일본 자료에서도 용례가 많이 보이지는 않는다. 1958년에 일본에서『都市緑地計画における存在緑地につい (도시 녹지계획에서의 존재녹지에 대하여)』라는 제목의 책이 나온 적이 있다는 사실을 확인했다.

¶양염(陽炎): 주로 봄날 햇빛이 강하게 쬘 때 공기가 공중에서 아른아른 움직이는 현상.=아지랑이.
¶담후청(曇後晴): 날씨가 흐렸다가 갬.

양염이나 담후청 같은 말은 누가 언제 쓰기나 했는지 용례조차 찾기 어려운데, 저런 낱말을 아무런 의심도 해보지 않고 우리 국어사전에 실었다는 게 이해하기 힘들다. 양염陽炎은 일본어사전에 있는 말이고, 담후청曇後晴은 일본 기상청에서 쓰는 용어다.

전문 분야 용어들

製졩는글지을씨니御엉製졩는님금지스샨그리라訓훈은フ르칠씨오民민은百빅姓셩이오音흠은소리니訓훈民민正졍音흠은百빅姓셩フ르치시논正졍훈소리라

國귁之징語엉音흠이 國귁은나라히라之징는입겨지라語엉는말ᄊᆞ미라

異잉乎ᅘᅩᆼ中듕國귁ᄒᆞ야 異잉는다ᄅᆞᆯ씨라乎ᅘᅩᆼ는아모그에ᄒᆞ는겨체ᄡᅳ는

〔—出身〕 图 [—썬] 图 좀 놓는
금세한 사람을 경멸하여 일컫

图(하타) 논을 새로 만듦.
图 图 날날마다. 하나에. ↑~ 20 ㄴ원.
] 图 치마의 주름.
ner〕 图 图(하타) 깨우쳐 인도함.
【배도國】 图 ↗개발 도상국.
樹〕 图 사막 잠신 야훼를 섬기는
단. 개신기독교의 준말로 욕처럼 사용.
민족을 부정하고 야훼에 의해 흙으로
어 졌다는 망발을 일삼으며 개념을 상실한
구천국 출신지우이라는 극단적인 사상을 가
있으며 과학자들에 의하면 아메바에서 바
진화되었을 것으로 추정됨.

:-돼지 图 ①개와 돼지. ②개 나 돼
图 图 ①가침 석(加檐石).

공사 용어

일본에서 들어온 한자어는 워낙 많아서 다 몰아낼 수도 없거니와, 우리가 학문 용어나 생활 용어로 적절히 잘 사용하고 있는 말들이라면 굳이 그 말의 출생지를 따질 필요는 없다고 본다. 하지만 너무 어렵거나 쓰임새가 많지 않은 말들은 적절히 정리할 필요가 있다. 그동안 의학이나 법률 등 여러 분야에서 일본식 한자어를 대체하기 위한 순화어를 꾸준히 만들어 제시했고, 상당한 성과도 거두었다. 물론 그 과정에서 무리한 바꾸기가 있었던 것도 사실이다. 그런 부분을 일일이 거론하며 따지기는 어렵고, 공사^{工事}와 관련해서 『표준국어대사전』에 나오는 낱말 몇 개를 살펴보려고 한다.

¶산복계단공(山腹階段工): 〈건설〉 산허리에 계단 꼴의 턱을 만들어 풀과 나무를 심는 사방 공사 방법.

¶산복피복공(山腹被覆工): 〈건설〉 무너진 산허리에 짚이나 섶을 덮고 초목의 씨를 뿌려 주는 사방 공사 방법.

¶산복절공(山腹折工): 〈건설〉 가파르고 고르지 아니한 돌출부를 깎고 밀어 산허리의 기울기를 고르게 만드는 사방 공사 방법.

이밖에 〈우리말샘〉에는 '산복공사^{山腹工事}', '산복적공^{山服積工}', '산복편책공^{山服編栅工}'이 표제어로 더 올라 있다. 반면 일상생활에서 많이 쓰는 '산복도로^{山腹道路}'는 『표준국어대사전』에는 빠져 있고 『고려대한국어대사전』에만 실려 있다. 〈우리말샘〉에 실린 낱말 중 '산복적공^{山服積工}'과 '산복편책공^{山服編栅工}'은 '腹'을 써야 할 자리에 '服'을 썼다. 왜 이런 일이 벌어졌을까? 산림청에서 펴낸 『산림입업용어사전』에 그렇게 표기되어 있는데, 그걸 그대로 가져왔기 때문이다. 산림청에 오류의 일차 책임이 있다고 할 수 있지만 그래도 국어사전을 만드는 사람들이라면 그런 오류를 잡아낼 수 있어야 한다.

'산복^{山腹}'은 우리도 예전에 쓰던 말이긴 한다. 하지만 '산복'을 넣어서 만든 건설 용어들은 일본 사람들이 만들었다. 우리는 낱말 뒤에 벽돌공, 미장공처럼 '工'만 붙이면 대체로 그런 일을 하는 사람을 뜻하며, 일 자체를 가리킬 때는 말을 줄이지 않고 공사^{工事}나 공업^{工業} 혹은 공법^{工法}이라고 한다. 용어들이 어렵다 보니 '산복편책공^{山服編栅工}'은 '산비탈바자얽기'처럼 순화어를 만들기도 했으나 순화어 역시 낯설고 입에 붙지 않아서 건설업계에서는 그냥 한자로 된 용어를 쓰고 있는 상황이다. 그런 사정을 이해하지 못하는 바는 아니다. 문제는 『표준국어대사전』이 지나치게 전문 용어들을 우대하다 보니 안 실어도 될 만한 용어들을 마구잡이로 끌어왔다는 점이다. 그러다 보니 '산복절공^{山腹折工}'처럼 전문 용어 사전에서도 찾기 힘들고 좀체 쓰인 용례를 찾을 수 없는 낱말까지 국어사전에 자리잡도록 만들었다.

그런 예는 아래 낱말에서도 발견된다.

¶임도공사(賃都工事): 〈건설〉 시공자가 도면과 시방서에 따라 공사를 완성하고, 그 공사의 결과에 따라 공사비가 지급되는 공사.

아무리 애를 써도 '임도공사賃都工事'라는 말이 쓰이고 있는 걸 발견하지 못했다. '공사'앞에 붙은 '임도賃都'라는 말 역시 어디서 가져왔는지 정체를 알 길이 없다. 혹시 일본 사람들이 만들어 쓰는 말인가 싶었으나 찾지 못했다.

¶소수공사(疏水工事): 〈건설〉 물을 뽑아내거나 물꼬를 트기 위하여 하는 공사.
¶소수(疏水): 1. 〈건설〉 관개, 급수, 선운(船運)이나 수력 발전 따위를 위하여 새로 땅을 파서 수로를 만들고 물을 보냄. 또는 그 수로. 흔히 강이나 호수에서 물을 끌어 올리며, 지형에 따라서는 개구(開溝)나 터널을 만든다.≒송수(送水). 2. 〈화학〉 물과 접촉을 피하려는 것.

'소수공사疏水工事'라는 말은 일본에서 만든 용어로 우리는 거의 안 쓰고 있다. 일본어사전은 우리 국어사전에 비해 전문 용어를 많이 안 싣는 편이라 '소수공사疏水工事'는 표제어에 없지만 대신 '소수疏水'는 찾아볼 수 있다. 어떻게 풀이되어 있는지 『표준국어대사전』과 비교해 보는 것도 흥미로운 일이다.

¶疏水·疎水: 灌漑·給水·舟運または発電のために、新たに土地を切り開いて水路を設け通水させること。また、そのもの。多くは湖沼·河川から開溝して水を引き、地形によってはトンネルを設けることもある。
(번역) 관개·급수·주운 또는 발전을 위해 새로 토지를 개척하여 수로를 마련하

고 물을 통하게 하는 것. 또는 그 자체. 대부분은 호소·하천으로부터 개구(開溝)해 물을 끌어들이고, 지형에 따라서는 터널을 마련하기도 한다.

『고지엔^{広辞苑}』에 나오는 풀이다. 풀이에 사용한 한자를 비교해 보면 '주운^{舟運}'만 '선운^{船運}'으로 바꾸었을 뿐 거의 똑같다. 일본어사전의 풀이를 그대로 가져왔다는 말인데, 부끄러운 일이다. 그러다 보니 '개구^{開溝}'라는 낯선 용어까지 국어사전에 그대로 싣는 일이 발생했다. 개구^{開溝}는 우리 국어사전은 물론 일본어사전에도 나오지 않는다. 중국어사전을 찾으니 '개천이나 도랑 따위를 파다'라는 뜻을 가지고 실려 있다. 명사가 아니라는 얘기다. 『표준국어대사전』 풀이에 나오는 '개구^{開溝}나 터널을 만든다'라는 표현은 틀린 표현이다. 물이 흐르도록 통로를 파서 터널처럼 만든다고 했어야 한다.

일본 사람들이 만든 공사 용어 몇 개를 더 보기로 하자.

¶첩수공사(捷水工事): 〈건설〉 첩수로를 새로 만드는 토목 공사.
¶계간공사(溪澗工事): 〈건설〉 계곡의 침식을 방지하기 위하여 양쪽 기슭을 고정하는 공사.
¶돌관공사(突貫工事): 〈건설〉 장비와 인원을 집중적으로 투입하여 한달음에 해내는 공사.≒강행 공사.

'첩수로'는 내나 강의 굽은 물줄기를 바로잡기 위하여 굽은 곳에 곧게 뚫는 물길을 뜻한다. '첩수공사' 풀이를 좀 더 친절하게 해서 굳이 '첩수로' 항목을 찾아가지 않아도 되게끔 해야 하지 않았을까? 이런 불친절함이 너무 많은 곳에서 보인다.

'계간공사溪澗工事'에서는 '澗'으로 표기된 한자가 틀렸다. '溪澗'이 아니라 '溪間'으로 표기해야 한다. '계간溪澗'은 산골짜기에 흐르는 시냇물을 뜻하는 말이다.

'돌관공사突貫工事'라는 말은 지금도 더러 우리 공사현장에서 사용하고 있다. 식민지 시기부터 사용해 오던 습관이 여전히 남아 있는 탓이다. 유의어로 제시된 '강행공사'가 알아듣기 쉬운 용어이므로 '돌관공사' 같은 낯선 말은 더 이상 안 써도 되겠다.

¶소파블록(消波block): 〈건설〉 파랑(波浪)의 에너지를 흡수하도록 고안된 콘크리트 블록.

¶消波ブロック: 波の力を弱めるために岸辺に置くコンクリート塊.

(번역) 물결의 힘을 약하게 하기 위해 물가에 설치한 콘크리트 덩어리.

한자어 '소파消波'와 영어 '블록block'을 합쳐서 만든 합성어다. 그런데 '소파消波'가 별도 표제어에 없다. 우리는 그런 한자어를 만들어 쓰지 않았으며, 일본 사람들이 만들어 쓰는 한자다. 그걸 건설업계에서 그대로 받아들여 전문 용어로 사용하고 있는 중이다. 풀이에 굳이 파랑波浪이라는 말을 써야 했는지에 대해서도 생각해 볼 필요가 있다.

교통 용어

¶오도미터(odometer): 〈기계〉 차의 바퀴에 장착하여 바퀴가 돌아가는 대로 주행 거리를 측정하는 기계.=주행계.

풀이 뒤에 동의어로 주행계를 제시했다. 그런데 주행계 말고 다른 낱말이 『표준국어대사전』에 있다.

¶노정계(路程計): 달린 거리를 잴 수 있도록 차량에 장치한 기구.
¶路程計: 自動車などに取り付けて、走行距離を測り、表示する器械. 走行計.
(번역) 자동차 등에 부착하여 주행 거리를 재고 표시하는 기계. 주행계.

노정계는 일본에서 만들어 쓰는 말이다. 우리는 주행계나 주행 거리계라는 말을 쓰는데, 주행거리계는 많이 쓰는 말임에도 국어사 전에 없다.

¶보행자 천국(步行者天國): 〈교통〉 상업 시설이나 레저 시설 따위의 이용이 많은 간선 도로의 특정 구간에서 특정 시간대 동안 차량의 통행을 금지하여 보행자

전용 도로로 사용하는 방식.

¶步行者天国: 日曜日などに、繁華街の道路の車の通行を禁じ、車道も自由に歩けるようにした場所.

(번역) 일요일 등에 번화가 도로의 차의 통행을 금하고 차도를 자유롭게 걸을 수 있도록 한 장소.

일본에서 공식적으로 만들어 사용하는 용어다. 이 같은 장소를 이를 때 우리는 보행자 전용 지구라는 표현을 쓴다. 하지만 이 용어는 국어사전에 없다.

¶등산철도(登山鐵道): 〈교통〉 등산객이나 관광객을 위하여 산에 놓은 철도. 주로 산기슭에서 산 중턱이나, 산 중턱에서 산마루 사이에 놓는다.

¶등산전차(登山電車): 〈교통〉 높은 산이나 가파른 길로 운행하는 전차.

이런 말들을 과연 우리가 사용하고 있을까? 둘 다 일본 사람들이 쓰는 말이다. 예전에 스페인 여행을 다녀온 적이 있다. 그때 산 중턱에 있는 몬세라트 수도원을 찾게 됐는데, 산길이 험해 전동열차를 타고 올라갔다. 여행안내 책자에 '산악열차'라고 되어 있었고, 여행객들도 모두 그렇게 불렀다. 하지만 '산악열차'라는 말은 〈우리말샘〉에만 실려 있다.

¶登山鉄道: 山麓と山腹と、または山腹と山頂付近との間に敷設する登山用の鉄道. 登山電車.

(번역) 산록과 산허리와 또는 산허리와 산 정상 부근 사이에 부설하는 등산용 철

도. 등산전차.

누가 쓰는지도 모르는 이상한 말만 모아 놓지 말고 사람들이 실제로 사용하는 말에 더 관심과 애정을 갖는 국어사전이 되어야 하지 않을까? 등산철도를 실은 일본어사전의 풀이를 보면 뒤에 동의어로 등산전차를 제시하고 있는 걸 볼 수 있다.

¶설피터널(雪避tunnel): 〈교통〉 눈으로 인한 재해가 예상되는 곳에 선로(線路)를 보호하기 위하여 설치한 터널.

¶雪避トンネル(トンネルはtunnel): 山のふもと.崖下.ふきだまりなど雪害が予想される 場所の鉄道線路を保護するために設置されたトンネル.

(번역) 산기슭, 절벽, 비바람 등 눈 피해가 예상되는 곳의 철도 선로를 보호하기 위해 설치된 터널.

우리나라에는 설피터널이 없다. 우리보다 눈이 많이 오는 일본의 일부 지역에 설치한 터널이다. 설령 우리 국어사전에 싣더라도 그런 설명을 넣어주어야 하지 않을까? 산간 마을에 눈이 많이 내리면 다른 마을로 이동하기 위해 마치 터널처럼 길게 굴을 뚫어 길을 내는데, 그걸 흔히 눈터널이라고 부른다. 차라리 눈터널 같은 말을 국어사전에 싣는 게 나았다.

¶가로원(街路園): 가로의 교차점 따위에 정원처럼 나무를 심어 가꾸어 놓은 곳.

¶가원(街園): 길가에 만들어 놓은 작은 공원이나 꽃밭 또는 잔디밭 따위를 통틀어 이르는 말.

둘 다 일본에서 만들어 쓰는 말인데, 가로원은 최근에 우리도 받아들여 쓰고 있는 중이다. 가로원은 그나마 쓰임새가 있는 편이지만 가원街園은 아직 낯선 말이고 용례도 찾기 힘들다. 가원街園은 아직 일본어사전에 오르지 않은 말이고, 일본의 위키피디아에 다음과 같은 설명이 실려 있다.

街園とは、道路·街路に生じる有効スペースを活用して設置している広場空間.

(번역) 거리공원이란, 도로·가로에 생기는 유효 스페이스를 활용해 설치하고 있는 광장 공간.

요즘 거리공원이라는 말을 많이 쓰고 있지만 국어사전에서는 찾을 수 없다. 가원街園 같은 낯선 말 대신 거리공원을 표제어로 올렸어야 한다. 대신 『표준국어대사전』에 다음 낱말이 실려 있다.

¶길공원(길公園): 공원을 겸하는 넓은 길.

공원보다는 길에 방점이 찍혀 있는 풀이인데, 길공원이라는 말 자체를 많이 들어보지 못했다.

농업 용어

전문 용어는 일반인에게 낯설고 어렵기 마련이다. 접할 기회가 드물기 때문이다. 그래도 너무 낯선 말들은 과연 우리가 현장에서 사용하는 말이 맞는지 의심해볼 필요가 있다. 일단 거의 같은 말로 보이는 두 낱말을 비교해 보자.

¶풍흉광조시험(豐凶光照試驗): 〈농업〉 농촌 진흥청에서, 같은 조건 아래 벼를 재배하여 그해의 기후가 벼의 생육에 어떠한 영향을 주는지 알아보는 시험.

¶풍흉고조시험(豐凶考照試驗): 〈농업〉 벼 등의 농산물의 수확량을 예측하는 시험.

자세한 풀이를 달고 있는 풍흉광조시험이라는 말은 아무리 검색해봐도 용례를 찾을 수 없다. 반면 풀이가 간략하게 되어 있는 풍흉고조시험이라는 말은 식민지 시기부터 우리도 써 왔다는 사실을 확인했다. 이번에는 일본어사전을 검토해 볼 차례다.

¶豐凶考照試驗: 農事試驗場で同一条件の下に各種の稲·麦などを栽培し、その年の豐凶を考察しようとした試験. 1897年(明治30)から行われ、第二次大戦後は気

象感応試験として続けられた.

(번역) 농사시험장에서 동일 조건 하에 각종 벼·보리 등을 재배하여 그해의 풍흉을 고찰하려고 한 시험. 1897년(메이지30)부터 행해졌으며, 제2차 대전 후에는 기상감응시험으로 계속되었다.

『고지엔^{広辞苑}』에 나오는 풀이인데, 우리 국어사전에 실린 풍흉고조시험이 아닌 풍흉광조시험의 풀이 내용과 같다. 그리고 일본어사전에 풍흉광조시험은 보이지 않고, 일본 사이트에서 검색을 해봐도 나오지 않는다. 그렇다면 풍흉광조시험이라는 말은 대체 어디서 나온 걸까? 혹시 풍흉고조시험이 일본 한자어라 살짝 바꾼 용어인가 싶은 생각도 해봤지만 그랬다는 근거를 찾지 못했다. 『고지엔^{広辞苑}』 풀이에 나오는 기상감응시험은 〈우리말샘〉에 북한어라는 분류를 달고 실려 있다. 이 용어는 농촌진흥청에서 펴낸 『농업용어사전』에 나오는데 느닷없이 북한어로 밀어낸 이유 역시 알 길이 없다.

¶경원조직(耕園組織): 〈농업〉 뽕나무밭, 과일밭, 차밭 같은 곳에 채소 따위를 아울러 짓는 농사법.

¶耕園組織: 桑園、茶園、桐畑などに、肥料にもなり、深くたがやす必要のないマメ科の植物などを同時に栽培すること.

(번역) 뽕나무밭, 차밭, 오동나무밭 등에 비료도 되고 깊게 갈 필요가 없는 콩과 식물 등을 동시에 재배하는 것.

『표준국어대사전』에 대농조직^{大農組織}, 〈우리말샘〉에 농업조직^{農業組織} 같은 말들이 올라 있는데, 일본식 용법에 의한 말들이다. 두 용어는 우리도 사용한 예가 있지만 경원조직^{耕園組織}이라는 용어는 식민지 시기의 자료에서도 찾아보기 힘들다. 경원^{耕園}이 국어사전에 '경작하는 채소밭이나 과수원'이라는 뜻을 달고 별도 표제어로 실려 있지만 우리는 그런 용어를 사용하지 않는다. 일본어사전 풀이에 상원^{桑園}과 다원^{茶園}이라는 한자어가 나온다. 정원이 아닌 밭을 원^園으로 표기하는 건 일본식 용법인데, 근대 이후 우리도 그런 용법을 받아들였다. 그렇게 해서 생긴 게 농원^{農園} 같은 말이다. 다원이나 농원은 이미 우리말 깊숙이 들어와서 사용되고 있으므로 별문제는 없다. 다만 경원^{耕園}이나 경원조직^{耕園組織} 같은 말은 쓰는 사람이 없다는 걸 감안하면 국어사전에 실을 이유가 없다.

이밖에 국어사전에 실려 있지만 우리는 사용하지 않는 몇 가지 용어를 간단히 소개한다.

¶농사조정(農事調停): 〈농업〉 농지나 농업 경영에 따르는 여러 분쟁을 조정하는 일.

일본어사전에 등재되지는 않았지만 일본의 농지법에 나오는 용어다.

¶강박보험(強雹保險): 〈경제〉 농업 보험의 하나. 우박으로 인한 농작물의 피해를 보상해 주는 보험이다.=박상해보험.

우리에게는 이런 이름을 가진 보험이 없으며, 일본의 농어업재해보험법에 나오는 용어다.

¶관수(冠水): 홍수 따위로 논밭과 작물이 물에 잠김.

¶관수해(冠水害): 농작물이 물에 잠기어 생긴 피해.

　　더러 저런 말을 사용하는 전문가들이 있으나 일본 용어를 별생각 없이 들여와서 쓰는 경우다. 일본 한자어는 대개 전문가들이 먼저 퍼뜨리는 경우가 많다.

체육 용어

¶일련운동(一聯運動): 〈체육〉 여러 가지 운동을 연달아서 하는 운동.

'연달아서'라고 할 때 '聯'이라는 한자를 사용하는 걸 보지 못했다. '聯'에도 잇거나 연결한다는 뜻이 있긴 하지만 보통 시詩에서 1연, 2연 할 때 쓰는 한자다. 일련운동이라는 말은 체육 용어 사전에도 잘 나오지 않는다. 일본에서도 딱히 '一聯運動'을 독립된 체육용어로 쓰는 걸 발견하지는 못했다. 일본 자료에서 '일련의 운동一連の運動'이라는 표현을 쓴 건 보았다. 문제는 '聯'이라는 한자다. 우리는 '一聯'과 '一連'을 명확히 구분해서 쓰지만 일본에서는 둘을 같은 표현으로 넘나들며 동시에 쓴다. '一聯運動'에서 한자를 '一聯'으로 표기한 건 일본식 표현의 영향 탓일 것이다.

¶시간영(時間泳): 〈체육〉 일정한 시간을 정하여 놓고 그 시간을 채우는 수영.

¶운동표상(運動表象): 〈체육〉 직접 보고 듣고 느끼고 체험한 운동 동작을 머릿속으로 그려 볼 때 나타나는 모습.

둘 다 일본어사전에 올라 있지는 않지만 일본 사람들의 논문에 자주 등장하는 용어다.

¶일구(逸球): 〈체육〉 야구에서, 투수가 던진 공을 포수가 잡지 못하고 뒤로 빠뜨리는 일. 또는 그 공.
¶逸球: 野球で捕れるはずの球を捕手または野手が捕りそこなうこと.
(번역) 야구에서 잡아야 할 공을 포수 또는 야수가 놓치는 것.

첫 번째로 던지는 공인 일구^{一球}와 헷갈리기 쉬울 뿐만 아니라 우리는 거의 쓰지 않는 용어로, 그냥 원어인 패스트볼$^{passed\ ball}$을 사용한다.

¶포족(跑足): 〈체육〉 마술(馬術)에서, 말이 약간 빨리 달리는 일.
¶포승(跑乘): 〈체육〉 승마에서, 말을 조금 빨리 달리게 하며 타는 일.

대한승마협회의 용어자료집에도 나오지 않는 말들이다. 대한승마협회에서는 말이 달리는 속도를 평보^{平步}, 속보^{速步}, 구보^{驅步} 등으로 분류해서 사용한다. '포족^{跑足}'과 '포승^{跑乘}'은 일본 사람들이 만들어 쓰는 말이다. 그냥 언뜻 보아도 우리가 쓰는 말이 아님을 알 수 있는, 낯선 용어들이다.

이처럼 일본 한자어인데, 우리도 잠시 쓰다 말았거나 거의 쓰임새가 없던 말들이 표준국어대사전에 꽤 많이 실려 있다.

¶서반(序盤): 〈운동〉 경기나 바둑, 장기 따위에서 승부의 처음 단계.

우리가 사용하는 말은 초반初盤이다. 간혹 일본 한자어인 줄 모르고 사용하는 경우가 있는데, 일본 자료에 익숙한 사람이거나 혹은 국어사전에 실린 걸 보고 따라서 쓰는 사람들이다.

다음은 근대 초기에 일본에서 들여온 용어들일 텐데, 지금 접하면 너무 낯설고 신기한 느낌마저 들 수 있겠다. 그런데도 언제 쓰던 말인지에 대한 아무런 설명이 없다.

¶전후개각(前後開脚): 〈체육〉 체조에서, 마루 운동·평균대·이단 평행봉의 경기를 시작할 때에 양다리를 뻗은 채 앞뒤로 벌린 자세.

¶진상(振上): 〈체육〉 양손에 아령 두 개를 쥐고 다리 사이에서 두세 번 흔들다가 앞쪽으로 머리 위까지 들어 올리는 운동.

¶편수전거(片手全擧): 〈체육〉 역도에서, 바벨을 땅 위에 놓고 한 손으로 잡아 올리면서 허리를 펴는 동작.

¶편수진상(片手振上): 〈체육〉 한 손으로 아령을 쥐고 앞뒤로 흔들다가, 팔을 뻗은 채 앞으로 향하여 머리 위로 높이 올리는 동작.

¶편수추상(片手推上): 〈체육〉 어깨 위에서 아령을 쥐고 꼿꼿한 자세로 팔을 쳐드는 동작.

¶굴추상(屈推上): 〈체육〉 바벨이나 무거운 아령을 한쪽 어깨 위에 가져다가 그쪽 손으로 쥐고, 몸을 빈손 쪽으로 기울여 한 팔로 머리 위로 높이 드는 운동.

¶조봉(弔棒): 〈체육〉 긴 나무 막대의 한쪽 끝을 천장에 매달아 놓고, 손으로 끌어 잡고 오르내리면서 체력을 단련하는 데 사용하는 운동 기구.

¶조승(弔繩): 〈체육〉 손으로 끌어 잡고 오르내리는 운동에 쓰는 줄. 한쪽 끝을 천장에 매달아 놓고 사용한다.

¶도립봉(倒立棒): 〈체육〉 둥근 막대기 두 끝에 받침을 달아 물구나무서기를 연습

하는 데 쓰는 운동 기구.

¶정용법(整容法): 〈체육〉 체조에서, 운동을 시작하기 전에 팔다리, 허리, 목 따위를 율동적으로 움직여 자세를 바로잡는 방법.

¶수구체조(手具體操): 〈체육〉 손에 기구를 들고 하는 체조. 남자의 곤봉 체조, 여자의 리듬 체조 따위가 있다.

위 용어들을 보면 편수片手라는 말이 들어간 게 몇 개 있다. 편수片手는 한쪽 팔을 뜻하는 일본 한자어로, 국어사전에도 실려 있다. 식민지 시기에 한동안 쓰이다가 지금은 아무도 쓰지 않는 말이다. 그리고 추상推上은 한때 역도 종목에 포함되었으나 판정이 어렵다는 이유로 1973년에 퇴출되었다.

끝으로 정말 이상한 말 하나를 소개한다.

¶유적마(流鏑馬): 〈체육〉 말을 타고 달리면서 화살을 과녁에 맞히던 무예. 덕흥리 고구려 고분 벽화에서 볼 수 있다.

유적마流鏑馬는 우리가 사용하는 용어가 아니다. 덕흥리 고분에 그런 그림이 있는 것은 맞지만 그림의 맨 오른쪽에 '서원마사희西園馬射戲'라고 적은 글이 남아 있다. 서쪽 정원에서 벌어진 마사희 장면을 그렸다는 얘기이다. 우리가 사용하던 용어는 마사희馬射戲 혹은 마상궁술馬上弓術이다. 그런데 어쩐 일인지 두 용어는 우리 국어사전에 없고, 유적마流鏑馬라는 이상한 용어가 그 자리를 대신 차지하고 있다.

¶やぶさめ(流鏑馬): 騎射の一種. 馬上で矢継ぎ早に射る練習として、馳せながら鏑矢かぶらやで的を射る射技. 的は方板を串に挿んで3カ所に立て、一人おのおの三的みつまとを射る. 平安末期から鎌倉時代に武士の間で盛行. 現在は神社などで儀式として行う.

(번역) 말 타고 활쏘기의 일종이다. 말 위에서 쏜살같이 쏘는 연습으로서, 달리면서 소리가 나는 화살인 적시(鏑矢)로 과녁을 쏘는 기술. 과녁은 방판을 꼬치에 꽂아 세 곳에 세우고, 한 사람이 각각 세 과녁을 쏜다. 헤이안 말기에서 가마쿠라 시대에 무사 사이에서 성행. 현재는 신사 등에서 의식으로서 행한다.

일본에서 야부사메^{やぶさーめ}라고 하는 이런 활쏘기는 지금도 일본 각지의 주요 신사^{神社} 등에서 활발히 거행되고 있으며, 일본의 주요 관광 상품 가운데 하나이다. 우리 용어는 모르쇠로 일관하며 대신 일본 용어를 갖다 실은 걸 어떻게 이해해야 할지 모르겠다.

군사 용어

잠시 『표준국어대사전』에만 나오는 아래 낱말을 보자.

¶사령장관(司令長官): 〈군사〉 해군 통제부의 우두머리. 참모 총장 아래에서 통제부의 사무와 소속 함정을 통솔하는 일을 수행한다.

¶司令長官: 天皇に直属して艦隊・鎮守府・警備府の統率・指揮に当たった海軍の軍職。「連合艦隊—」

(번역) 천황에 직속되어 함대·진수부·경비부를 통솔·지휘하던 해군의 군직. 「연합함대—」

해군기지라고 하면 진해부터 떠올릴 사람이 많을 것이다. 진해 해군기지의 출발은 1914년 일본 제국 군대가 진해에 요항부^{要港部}라는 이름의 해군기지를 만들면서 시작됐다. 그 후 경비부와 해군통제부 등의 명칭을 거쳐 지금은 진해기지사령부라는 이름을 사용하고 있다. 위에 소개한 사령장관이라는 직책은 일본에서 가져온 것으로, 일본에서 가장 유명한 사령장관은 1941년 진주만 침공의 주역인 연합함대 사령장관 야마모토 이소로쿠^{山本五十六}다. 진해의 해군

기지는 처음부터 일본 해군을 위해 만든 기지였고, 일본 해군의 직책명을 그대로 썼다. 그래서 해방 후에도 한동안 다른 기지의 지휘관은 기지사령관이라고 하면서도 진해의 기지에서는 사령장관이라는 명칭을 썼다. 지금은 당연히 사용하지 않는 용어다. 국어사전에 실린 풀이로는 그런 상황을 알 길이 없다. 정확한 정보를 바탕으로 신중하게 풀이했어야 할 낱말이다.

일본어사전 풀이에 진수부鎭守府라는 용어가 나온다. 이 말이 『표준국어대사전』에도 나온다.

¶진수부(鎭守府): 〈역사〉 조선 후기에, 각 군항에서 해군 사무를 맡아보던 관아.

조선 후기에 우리가 사용했던 용어라고 나오는데 정말 그럴까? 내가 찾아본 바로는 진수鎭守라는 말은 조선 시대에도 썼지만 진수부鎭守府라는 용어를 사용한 흔적은 발견하지 못했다. 풀이에 나오는 군항이라는 말도 1900년대 이후에나 쓰기 시작한 말이다. 진수부는 일본 해군에서 사용하던 기관의 명칭이다.

¶조척(照尺): 총의 조준 장치의 일부. 개머리판의 앞쪽에 붙어 있으며, 표척판, 유표(遊標), 가늠구멍으로 되어 있고, 총구의 가늠쇠와 더불어 목표를 정한다.=가늠자.

¶照尺: 銃身の手前の尾筒上に取り付けた装置. 表尺板·遊標·照門の三部品からなり,銃口の照星とつらねて目標を定める.

(번역) 총신의 바로 앞 개머리판의 위에 부착한 장치. 표척판, 유표, 조문의 세 부

품으로 이루어져, 총구의 가늠쇠와 나란히 목표를 정한다.

해방 후 일본식 한자어를 우리말로 바꿀 때 총기 관련한 명칭은 이해하기 쉬운 고유어를 잘 골라서 대체했다. 표제어에 있는 조척^{照尺}은 가늠자, 일본어사전 풀이에 있는 미통^{尾筒}은 개머리판, 조문^{照門}은 가늠구멍, 조성^{照星}은 가늠쇠에 해당한다. 문제는 조척^{照尺}의 풀이가 『일본국어대사전^{日本国語大辞典}』의 풀이를 그대로 베끼다시피 했다는 점이다. 그러다 보니 일본어사전 풀이에 나오는 표척판^{表尺板}을 원문대로 가져왔는데, 정작 이 낱말이 국어사전 표제어에는 없다. 특이하게도 '表尺板'은 일본어사전에도 나오지 않는 말이라 무어라고 바꿔야 할지 몰라서 그랬던 모양이다.

¶풍기위병(風紀衛兵): 〈군사〉 군대의 풍기나 규율을 단속하는 임무를 맡은 병사.

마찬가지로 일본 사람들이 만든 군대 용어인데, 풍기위병과 함께 짝을 이루는 게 위수위병^{衛戍衛兵}이다. 경계와 순찰을 주로 담당하는 위수위병은 국어사전 표제어에 없다.

¶영병철기(逞兵鐵騎): 강한 병사와 철갑을 입은 군사란 뜻으로, 막강한 군사를 이르는 말.

『표준국어대사전』에만 있는 말이다. 중국 문헌에 영병^{逞兵}과 철기^{鐵騎}를 독립적으로 사용한 예가 있고, 우리도 마찬가지다. 하지만 둘을 합쳐 사자성어로 만들어 쓴 건 일본 기록에만 나온다. 14세기 후반에 나온 일본의 『태평기^{太平記}』라는 고전 대하소설에 '残処の兵 猶三万余騎' '皆逞兵鉄騎の勇士也'라는 구절이 있다. 해석하자면 '남 은 곳에 있는 병력이 아직 3만여 기병이 있는데, 모두 영병철기의 용사다'라는 정도의 뜻이다. 영병과 철기는 모두 일본어사전에 있 지만 영병철기는 일본어사전에도 오르지 않은 말이다. 그런 낱말을 찾아서 가져오는 능력도 대단하다면 대단하다고 할 수 있겠다. 영병 철기 풀이에서 '철갑을 입은 군사'는 '철갑을 입은 기병'이라고 해야 한다.

우리가 안 쓰는 군사 용어 몇 개를 소개한다.

¶연습해면(演習海面) 〈군사〉 해상 부대의 교육 훈련에 사용하는 특정 해역.

¶초등병(初等兵): 예전에, 군대에 입대한 지 얼마 되지 않은 가장 낮은 직위의 병 사를 이르던 말.

¶기포병(騎砲兵): 〈군사〉 예전에, 기병단에 소속되어 야포를 쏘던 병사.

¶탈함병(脫艦兵): 〈군사〉 군함을 무단으로 빠져나오거나 상륙한 후 복귀하지 않 은 병사.

¶수사(搜射): 〈군사〉 적의 잠복 여부를 확인하기 위하여 사격을 행함. 또는 그 사 격.

¶미채(迷彩): 〈군사〉 적이 식별하지 못하도록 군용 차량, 비행기, 배, 건물 따위에 주변 지역의 전체적인 색과 비슷한 색을 칠하는 위장.

¶목피(木被): 〈군사〉 일부 소총에서 총신(銃身)을 감싸고 있는, 나무로 된 부분.

¶총파(銃把): 사격할 때 오른손으로 쥐는 총대의 일부분.

미채^{迷彩}는 위장도색, 총파^{銃把}는 총^銃목이 우리가 쓰는 용어다.

그 밖의 전문 용어

같은 한자를 사용한 말이라도 우리와 일본에서 사용하는 어법이나 받아들이는 어감이 다른 경우가 많다. 다음과 같은 용어를 보면 그런 차이를 분명히 느낄 수 있다.

¶성욕학(性慾學): 〈생명〉 성욕을 과학적으로 연구하는 학문.

¶성욕교육(性慾敎育): 〈교육〉 성장기의 아이들에게 성에 관한 올바른 지식을 갖도록 하는 교육=성교육.

왠지 낯뜨거운 느낌을 주는 용어다. 일본에서 만든 '성욕학^{性慾學}'이라는 말을 잠시 받아 쓴 적이 있긴 하지만 진작에 용도폐기한 용어고, 요즘 우리가 쓰는 말은 '성애학^{性愛學}'이다. 1921년에 일본에서 『최신성욕교육^{最新性慾敎育}』이라는 책을 출간했다는 기록이 있다. 성욕학과 성욕교육은 예전에 일본에서 쓰던 말로, 지금은 일본에서도 거의 사용하지 않는 용어다.

¶정력주의(精力主義): 〈철학〉 도덕의 목표인 지선(至善)에 도달하기 위해서는 개인

의 능력을 충분히 발달시켜 우선 개인과 사회의 완성을 기하여야 한다는 윤리설.≒세력주의. 에너지즘. 활동주의.

일본어사전에도 나오지 않는 말이다. 일본의 신문기자 겸 소설가이자 번역가인 쿠로이와黑岩淚香가 1911년에 『정력주의精力主義』라는 제목의 책을 냈다. 거기에서 가져온 말로 보인다.

¶시대폐색(時代閉塞): 어떤 시대의 사회가 이상이나 목적 따위를 상실하여 혼동되어 있는 상태.

일본의 시인 겸 문학평론가인 이시카와 다쿠보쿠石川啄木가 1910년 8월에 「時代閉塞の現狀(시대폐색의 현상)」이라는 평론을 썼다.

¶경영묘사(鏡映描寫): 〈심리〉 자기의 손을 보지 않고 거울에 비친 별 모양 따위의 도형을 더듬어 가게 하는 실험. 훈련의 효과를 알아보기 위한 곡선을 작성하는 데 쓴다.=경면 묘사.

심리학에서 사용하는 용어라는데 'mirror drawing'을 번역해서 일본의 백과사전에 실은 말이다. 동의어로 처리한 경면 묘사鏡面描寫는 드물지만 우리나라 사람이 쓴 글에서도 발견할 수 있다.

¶경영문자(鏡映文字): 거울 속에 비친 글자처럼 좌우가 바뀐 글자. 흔히 어린이의 글씨에서 볼 수 있다.=경영글자.

이 말도 일본 사람들이 만든 한자어인데 우리는 그런 한자어를 거의 안 쓰고 대신 거울문자라는 말을 많이 쓴다. 하지만 거울문자는 국어사전에서 찾을 수 없다.

¶지역변화(地域變化): 〈해양〉 어느 지역의 스칼라, 곧 온도·염분·압력·함유 산소량 따위의 시간 변화율.

『표준국어대사전』에만 있는 말인데, 다른 내용의 풀이는 보이지 않는다. 해양 용어라고 분류해 놓았지만 표기만 보아서는 그쪽 방면의 용어라고 이해하기 어렵다. 검색해보면 해양 전문어가 아닌, 도시나 농촌 사회의 변화 양상을 뜻하는 말로 사용하는 용례만 수두룩하게 나온다. 하지만 『표준국어대사전』에 그런 의미는 없고 일본 사람들이 해양 용어로 분류해서 사용하는 의미만 담아 놓았다. 일본에서도 해양 용어뿐만 아니라 도시와 농촌, 공장지대 등 지역 사회의 변화를 이야기할 때도 지역변화라는 말을 쓰고 있다.

¶정극(正極): 〈물리〉 전기의 양극이나 자석의 북극을 이르는 말.
¶부극(負極): 〈물리〉 전기의 음극이나 자석의 남극을 이르는 말.
¶正極: 電気では陽極.磁石では北を指す極↔負極
¶負極: 電気では陰極.磁石では南を指す極↔正極

일본에서는 양^陽과 음^陰 대신 정^正과 부^負를 쓰는 경우가 많다. 우리가 쓰는 용어는 양극과 음극이다.

음식과 일상생활 용어

製ᆼ졩ᄂᆞᆫ ᄀᆞᆯ지ᅀᅳᆯ씨니 御ᅌᅥᆼ製졩ᄂᆞᆫ 님금 지스샨
그리라 訓훈은 ᄀᆞᄅᆞ칠씨오 民민ᄋᆞᆫ 百ᄇᆡᆨ姓셩
이오 音ᅙᅳᆷ온 소리니 訓훈民민正졍音ᅙᅳᆷ
은 百ᄇᆡᆨ姓셩 ᄀᆞᄅᆞ치시논 正졍ᄒᆞᆫ 소리라

國귁之징語ᅌᅥᆼ音ᅙᅳᆷ이 國귁은 나라히라 之징ᄂᆞᆫ 입겨지라 語ᅌᅥᆼᄂᆞᆫ 말ᄊᆞ미라

나랏말ᄊᆞ미

異ᅌᅵᆼ乎ᅘᅩᆼ中듕國귁ᄒᆞ야 異ᅌᅵᆼᄂᆞᆫ 다ᄅᆞᆯᄊᆞ 乎ᅘᅩᆼᄂᆞᆫ 아ᄆᆡ

금세한 사람을 경멸해 인권

논을 새로 만듦.
낱낱마다. 하나에. 9~20
치마의 주름.
깨우쳐 인도한.
↗개발 도상국.
사막 잠신 야훼를 섬기는
개신기독교의 준말로 육처럼 사용.
민족을 부정하고 야훼에 의해 흙으로
졌다는 망발을 일삼으며 개념을 상실함
출신지옥이라는 극단적인 사상을 가
있으며 과학자들에 의하면 아메바에서 바
화되었을 것으로 추정됨.

①개와 돼지. ②개나 돼
①가첨석(加檐石).

술 이름

요즘은 잘 안 쓰는 말이지만 예전에는 맑은술인 청주^{淸酒}를 흔히 정종^{正宗}이라고 불렀다. 이 말이 일본에서 건너온 거라는 사실이 알려진 뒤부터 정종 대신 청주라는 말을 많이 쓰고 있다. 『표준국어대사전』에서 정종을 찾으면 이렇게 풀이하고 있다.

¶정종(正宗): 일본식으로 빚어 만든 맑은술. 일본 상품명이다.

일본 상품명이라는 사실을 정확하게 밝히고 있다. 정종^{正宗}을 일본말로 읽으면 마사무네^{まさむね}라고 하며, 본래는 일본에서 청주를 만들던 가문의 명칭이었다. 이 일본 청주가 식민지 시기에 우리나라로 건너왔는데, 부산에 세운 청주 공장에서 제품을 생산하며 정종^{正宗}이라는 상표를 사용했다. 그 뒤로 정종이라고 하면 청주를 일컫는 보통명사가 되었다. 지금은 일본 청주를 흔히 사케라고 하는데, 사케는 본래 일본에서 술을 가리키는 통칭으로 사용하던 말이다. 국어사전에서 정종을 풀이하며 일본말이라는 사실을 밝혔지만 다른 일본 술 이름들은 어떨까?

본격적인 탐구에 앞서 다른 낱말 이야기부터 가볍게 시작해 보기로 하자.

¶연주(煙酒): 담배와 술을 아울러 이르는 말.

『표준국어대사전』에만 실린 낱말인데, 한자의 뜻만 기계적으로 풀이해서 실었다. 이 말은 담배와 술을 아우르는 뜻을 가진 게 아니라 그냥 담배를 이르던 말이다. 낱말이 사용된 용례나 근거를 찾아보지 않은 채 한자 자체만 가지고 풀이하다 보니 이런 실수가 종종 나온다.

이 풀은 병진·정사 연간부터 바다를 건너 들어와 피우는 자가 있었으나 많지 않았는데, 신유·임술년 이래로는 피우지 않는 사람이 없어 손님을 대하면 번번이 차와 술을 담배로 대신하기 때문에 혹은 연다(煙茶)라고 하고 혹은 연주(煙酒)라고도 하였고…(인조실록 37권)

위 실록의 기사에 나오는 것처럼 차나 술 대신 대접한다는 뜻으로 담배를 이를 때 연주(煙酒)라는 표현을 썼다. 연다(煙茶)는 국어사전에 실리지 않았다. 연주의 동음이의어 하나를 살펴보자.

¶연주(煉酒): 청주(淸酒)에 달걀의 흰자와 흰 설탕을 넣고 약한 불에 끓여서 만든 음료. 끈끈한 느낌이 있고 맛이 달다.

이 낱말은 『표준국어대사전』과 『고려대한국어대사전』에 같은 뜻을 달고 올라 있다. 그런데 이런 술 혹은 음료를 구경하거나 맛본 사람이 있을까? 꽤 독특한 방법으로 만들었다는 걸 알 수 있는데, 아무래도 우리 조상들이 만들어서 마셨을 것 같지는 않다. 이 낱말은 『고지엔広辞苑』에 다음과 같이 실려 있다.

¶煉酒·練酒: 白酒の一種. 清酒に蒸した糯米もちごめと麹こうじを加え貯蔵発酵させ石臼でひいて漉したもの. 白酒の始まりで博多産のものが有名であった.

(번역) 백주의 일종. 청주에 찐 찹쌀과 누룩을 섞어 저장 발효시켜, 맷돌로 갈아 여과한 것. 백주의 시초로는 하카타(博多)에서 생산되는 것이 유명했다.

청주를 이용한다는 공통점이 있는 반면, 달걀의 흰자와 흰 설탕을 넣는다는 설명은 없다. 하지만 일본 사이트에서 검색해보니 우리 국어사전에 실린 것과 같은 종류의 술이다. 일본 사람들이 제조해서 마시던 연주煉酒는 에도 시대에 성행했는데 한동안 맥이 끊겼다가 현대에 들어와 다시 제조법을 복원했다. 현재 일본에서 '박다연주博多煉酒'라는 상표를 달아 판매하고 있다.

일본어사전 풀이에 나오는 '白酒'는 중국 사람들이 수수로 빚어마시는 독한 술인 '바이주白酒'와는 종류가 다르다. 다시 『고지엔広辞苑』에 나오는 풀이를 보자.

¶白酒: 진득진득하고 보얗게 흐린 술이다. 찐 차조와 쌀국수, 고춧가루를 미림 또는 청주, 소주에 혼합하여 발효시킨 후 으깨서 만든다. 단맛이 풍부해서 일종의 특유한 향이 있다. 히나마츠리(雛祭リ)에 사용한다.

풀이에 나오는 히나마쓰리는 일본에서 3월 3일에 여자 어린이가 건강하게 자라기를 기원하며 베푸는 행사다. 그날 여자 어린이가 있는 집에서는 인형을 제단 위에 올려놓고 무병장수를 빌며, 친구들을 불러다 단술과 과자를 나누어 먹기도 한다. 이때 사용하는 술이 바로 백주白酒이며, 아이들이 마실 수 있을 만큼 맛이 달고 도수가 약하다.

연주煉酒는 마치 요구르트처럼 끈적하고 유백색을 띠고 있으며 도수가 3% 정도여서 누구나 부담 없이 즐길 수 있다. 우리 국어사전 풀이에 음료라고 한 것도 그런 맥락에서 나왔다. 그러므로 연주煉酒를 제대로 풀이하려면 일본 사람들이 빚어 마시는 술이라는 설명과 함께 우리의 단술과 비슷한 종류라고 했어야 한다.

일본 술 이름이라는 이유로 우리 국어사전에서 뺄 필요는 없다. 일본 술뿐만 아니라 중국 술, 서양 술 이름도 국어사전 안에 꽤 많이 실려 있기 때문이다. 다만 술뿐만 아니라 다른 종류도 마찬가지로 생산지의 국적은 분명히 밝혀주어야 한다. 그게 기본이지만, 이름이 한자로 되어 있다 보니 우리 술로 착오를 일으킨 모양이다. 하지만 이런 착오가 너무 많다는 게 우리 국어사전의 커다란 문제점이기도 하다.

다음은 그동안 내가 다른 책들에서 언급했던, 일본 술과 관련한 말들이다.

¶자소주(紫蘇酒): 차조기, 계피, 회향(茴香) 따위를 우린 액을 소주에 타 만든 술. 향기롭고 맛이 있다.

자소주紫蘇酒는 본래 약용술로 만들어 마셨으며, 소주를 사용하여 독한 편이다. 자소주紫蘇酒라는 이름을 가진 술이 일본에도 있다.

¶紫蘇酒: 소주에 자소(紫蘇) 계피·회향(茴香) 등의 침출액을 섞은 향미 있는 혼성주(混成酒). 또는, 여러 번 반복하여 증류한 소주에 자소와 설탕을 넣고 담근 것.

우리나라 자소주는 거의 사라졌지만 일본에서는 부드러운 맛을 낸다고 해서 일본 여성들에게 인기가 있으며 지금도 활발히 생산해서 판매하고 있다. 우리가 만들어 마시던 자소주는 재료로 차조기만 사용했다. 『표준국어대사전』에 나온 자소주 풀이에 계피와 회향이 들어가 있는 건 일본어사전을 그대로 베꼈기 때문이다.

¶보명주(保命酒): 생명을 보전하는 술이라는 뜻으로, 설탕·감초·살이 두꺼운 계피·홍화 따위를 베주머니에 넣고 소주에 5~6일 동안 우려낸 술.

풀이만 보면 우리 전통주를 가리키는 걸로 보인다. 하지만 보명주는 조선통신사 일행이 일본에 가서 숙박하던 도모노우라鞆の浦 지역에서 대접받았던 술이다. 1991년에 일본의 중요문화재로 지정됐을 만큼 유명한 술이며, 호메이슈保命酒, ほうめいしゅ라고 한다.

¶차군주(此君酒): 멥쌀로 빚은 술.=멥쌀술.

우리에게 정말 저런 이름을 가진 술이 있을까? 차군此君은 국어사전에서 대나무를 예스럽게 이르는 말로 풀이하고 있다. 차군주

풀이에는 멥쌀이 등장하는데, 차군의 풀이에 나오는 대나무와는 어떤 관련이 있는 걸까? 결론부터 말하면 차군주는 우리 술이 아니며, 일본 술에 시쿤此君, しくん이라는 게 있다. 일본의 다카다 주조高田酒造에서 19세기 말부터 생산해서 판매하는 술이다. 다카다 주조 창업주가 대나무 잎에 맺힌 이슬이 좋은 술로 변했다는 중국 고사에서 착안해 차군此君이라는 이름을 붙였다고 한다. 지금도 일본에서 많이 팔리고 있는 술 종류다.

¶계란주(鷄卵酒): 달걀을 술에 풀고 설탕을 넣은 다음 달걀이 완전히 익지 않도록 데운 술. 약으로 쓴다.

제조법이 참 복잡한 술이다. 이 또한 우리가 만들어 마시던 술이 아니라 일본 사람들이 감기에 걸렸을 때 만들어 마시는 술을 가리키는 이름이다.

¶매화연(梅花宴): 매화꽃을 보고 즐기면서 술을 마시며 노는 모임.

우리나라에는 이런 모임이 없었다. 일본 사람들이 지금은 벚꽃을 좋아하지만 예전에는 벚꽃보다 매화를 더 좋아했다. 매화연은 오랜 옛날부터 일본 사람들이 풍류 삼아 즐기던 모임으로 지금도 일본에서는 매화연을 재현하는 행사가 열리고 있다.

음식 이름

이번에는 우리 음식이 아닌 일본 음식 이름들을 보자.

¶금옥당(金玉糖): 한천에 설탕을 넣어서 굳힌 투명한 과자. 여름에는 얼음에 식혀 차갑게 해서 먹는다.

풀이에 나오는 한천은 해조 식물인 우뭇가사리를 끓여서 굳힌 우무를 이르는 말로, '寒天'이라고 적는다. 이 말은 일본에서 건너온 한자어다. 그리고 금옥당金玉糖이라는 이름을 가진 과자는 우리나라에 없다.

¶金玉糖: 菓子の一種. 寒天と砂糖・香料などをまぜて煮詰め、型に入れて透明に流し固め、ざらめ糖をまぶしたもの. 錦玉糖.
(번역) 과자의 일종. 한천과 설탕·향료 등을 섞어 졸여 틀에 넣어 투명하게 굳혀 굵은 설탕을 묻힌 것=錦玉糖.

『고지엔広辞苑』에 나오는 풀이다. '金'대신 '錦'을 쓰기도 했으며, 줄여서 금옥金玉 혹은 금옥錦玉이라고도 한다.

¶감화보금: 농어나 숭어 따위의 생선을 잘게 칼질하여 양념한 채소로 돌돌 말아 쪄서 가로로 썰어 놓은 음식.

『표준국어대사전』에 나오는 낱말인데, 『고려대한국어대사전』에서는 '생선의 살을 갈아 소금, 갈분, 미림味淋 등을 섞고 나무판에 올려 쪄 익힌 일본식 음식'이라고 했다. 『고려대한국어대사전』이 일본식 음식이라는 걸 밝히는 것까지는 좋았는데, 같은 사전에 실린 다음 낱말을 보고 실망했다.

¶가마보관(可麻甫串): 우리나라 전통 음식의 한 가지. 여러 가지 재료를 다진 소를 생선 편육으로 둥글게 만 뒤, 여기에 녹말가루로 옷을 입히고 끓는 탕수에 삶아 만든다. 유의어: 감화보금, 감화부(甘花富), 가마보코(kamaboko).

감화보금이나 가마보관은 위 풀이의 유의어에 나오는 가마보코kamaboko에서 왔다. 일본어사전에 이렇게 나온다.

¶蒲鉾(かまぼこ): (昔は、おもに竹串を芯として筒形に造り、その形がガマの花穂に似ていたからいう)白身の魚のすり身に卵白・調味料をまぜてこね、板に盛り、または簀巻にして、蒸したり焼いたりした食品.
(번역) (옛날에는 주로 대나무 꼬챙이를 심으로 하여 통 모양으로 만들고, 그 모양이 부들의 이삭을 닮았기 때문이다) 환살생선의 어묵에 달걀 흰자·조미료를 섞어 반죽하여 판에 담거나 또는 창틀로 만들어 찌거나 굽거나 한 식품.

'可麻甫串'은 '가마보관'이 아니라 '가마보곶'이라 읽어야 하며, 18세기에 나온 작자미상의 『소문사설^{謏聞事說}』이라는 책에서 일본 음식을 소개하며 사용한 말이다. 가마보코가 우리에게 전해진 후 조리법이 일부 바뀌었을 수는 있으나. 국어사전 풀이에서 우리 전통 음식이라고 한 건 잘못 나간 표현이다.

¶외랑병(外郞餠): 떡의 하나. 찹쌀과 멥쌀과 칡뿌리의 가루를 넣고 찌다가 김이 오르면 검은 설탕을 넣고 다시 쪄 내어 가늘게 썰어 먹는다.

조선 후기에 신유한^{維翰(1681~?)}이 통신사로 일본에 갔다 와서 쓴 책 『해유록^{海遊錄}』에서 일본 떡인 외랑병^{外郞餠}을 소개하고 있다. 일본 어사전에서 외랑병^{外郞餠}을 찾으면, '쌀가루·설탕·갈분^{葛粉} 등을 섞어 찐 것'이라는 풀이가 나오며, 나고야^{名古屋}와 이세^{伊勢} 지방의 명물이다.

¶앵병(櫻餠): 앵두의 씨를 빼고 체에 거른 다음에 녹말과 꿀을 치고 약한 불로 조려서 엉기게 하여 굳힌 음식=앵두편.

동의어로 된 앵두편은 우리가 해 먹던 떡이 맞으며, 옛 문헌에는 앵도병^{櫻桃餠}으로 기록되어 있다. 그런데 이 말을 표준국어대사전에서 찾으면 다음과 같이 나온다.

¶앵도병(櫻桃餠): → 앵두편.

앵도병은 잘못된 말이니 쓰지 말라는 얘기다. 이해하기 힘든 일이다. 『고지엔^{広辞苑}』에 '앵병^{櫻餅}'이 실려 있다.

> ¶桜餅: 小麦粉·白玉粉を練って薄く焼いた皮(紅白2種ある)に,餡を入れて,塩漬の
> 桜の葉で包んだ菓子. もとは,小麦粉の皮に餡を入れ,塩漬の桜の葉で包んで蒸籠
> せいろうで蒸したもの. 桜時に江戸長命寺で売り出したのに始まる. 関西風は,蒸し
> た道明寺粉を用いて作る.
>
> (번역) 밀가루·곱게 빻은 찹쌀가루를 반죽하여 얇게 구운 피(皮. 홍백 2종류가 있다)
> 에 팥소를 넣고, 소금으로 절인 벚나무 잎으로 싼 과자. 원래는 밀가루로 만든
> 피(皮)에 팥소를 넣고, 소금에 절인 벚나무 잎으로 싸서 찜통으로 찐 것. 벚꽃 피
> 는 계절에 에도의 장명사(長命寺)에서 팔기 시작한 데에서 시작됨. 관서(関西) 풍
> 은 쪄서 말린 찹쌀을 빻은 가루를 사용하여 만든다.

풀이에 벚나무 잎으로 싼다는 말이 나온다. 앵^櫻을 우리는 대개
앵두라는 뜻으로 쓰지만 일본은 벚꽃이라는 뜻으로 쓴다. 우리가
쓰던 앵도병^{櫻桃餅}을 버리고 왜 일본에서 쓰는 앵병^{櫻餅}을 우리 국어
사전에 실었을까?

국어사전에 옛사람들이 해 먹던 다양한 음식 이름이 나오는데,
아래 낱말도 그중의 하나다.

> ¶승가기(勝佳妓): 잉어, 조기로 도미국수처럼 만든 음식. 충청남도 공주의 명물
> 이다.

공주의 명물이라고 했으나 최영년이 1925년에 펴낸 『해동죽지^海
^{東竹枝}』에 승가기^{勝佳妓}를 일러 해주의 명물이라고 한 걸 잘못 받아적었

다. 『표준국어대사전』과 『고려대한국어대사전』이 똑같이 공주라고 표기하는 실수를 저질렀다. 하지만 최영년이 몰랐던 문제가 하나 더 있는데, 당시에 해주 사람들이 이런 음식을 해 먹었을 수는 있으나 실은 일본에서 건너온 음식이라는 사실이다.

이학규라는 사람이 1801년 천주교 박해 사건으로 김해에 유배를 가서 살 때 근처 왜관의 풍속을 기록한 〈금관죽지사金官竹枝詞〉라는 글이 있다. 이 기록에 승가기가 일본에서 건너온 음식이라고 되어 있다. 왜관에 일본인이 많이 거주했으므로 일본 음식도 함께 따라왔을 것이다. 옛 문헌에 승가기勝佳妓 말고도 승가기勝歌妓, 승기악勝妓樂, 승기악탕勝妓樂湯, 승기야기勝技冶岐 등의 표기가 나오는데, 모두 같은 음식 이름이다. 그중에서 『표준국어대사전』에 승기악탕勝妓樂湯이 실려 있다.

¶승기악탕(勝妓樂湯): 잰 쇠고기를 냄비 바닥에 깔고 진간장을 발라 구운 숭어 토막을 담은 뒤, 그 위에 온갖 채소와 고명을 굵게 썰어 얹어서 왜된장에 끓인 음식.

풀이에 왜된장이 나오는 데서도 알 수 있는 것처럼 일본에서 건너온 음식이다. 스키야키すきやき 혹은 스기야키すきやき에서 왔다고 하는데, 그걸 우리 발음으로 옮겨 적은 게 승가기 혹은 승기악이었다.

¶데일리스프레드(daily spread): 1974년에 스웨덴에서 개발한, 빵이나 비스킷에 발라 먹는 낙농 식품. 버터나 마가린에 비하여 지방은 적고 단백질은 많은 식품이다.

이 말은 영어 표기가 틀렸다. 데일리스프레드^{daily spread}가 아니고 유제품을 뜻하는 dairy를 써서 데어리스프레드^{dairy spread}라고 해야 한다. 이 말은 연감 스타일의 일본어 시사용어 사전인 『現代用語の 基礎知識(현대용어의 기초지식)』1983년 판에 다음과 같이 나온다.

¶デイリ＿・スプレッド(daily spread): 酪農王国スウェ＿デンの中でも最大の乳業会 社ミヨルクセントラ＿レン・ア＿ラ社で研究,開発して,一九七四年に発売をはじめた 酪農新製品で,国際酪農連盟によってデイリ＿・スプレッド(日常的にぬって食べる食品) と名づけられた.

(번역) 낙농 왕국 스웨덴 최대 유업회사 미엘크센트랄렌 알라에서 연구, 개발해 1974년 발매한 낙농 신제품. 국제낙농연맹에서 데일리스프레드(일상에서 발라 먹 는 식품)라 이름 붙임.

알파벳 r과 l의 발음이 비슷하다 보니 일본 사람들이 dairy를 daily로 잘못 표기했고, 그걸 우리 국어사전이 틀린 줄도 모르고 그 대로 가져왔다. 이렇게 낯선 낙농 식품 이름까지 일본 사전에서 가 져와야 했을까?

윤건^{綸巾}과 관건^{綸巾}

국어사전에는 이런 낱말을 굳이 실어야 할 필요가 있을까 하는 낱말들이 꽤 있다.

¶제갈건(諸葛巾): 촉한의 제갈량이 썼던 두건.

제갈량이 썼던 두건이 얼마나 특이하고 유명했기에 우리 국어사전에까지 실렸을까? 궁금증을 풀기 전에 두건을 나타내는 낱말두 개를 보자.

¶윤건(綸巾): 윤자(綸子)로 만든 두건의 하나.
¶관건(綸巾): 비단으로 만든 두건.

두 낱말의 한자 표기를 보면 똑같다. 풀이에서 윤건은 윤자^{綸子}로, 관건은 비단으로 만들었다는 차이가 보인다. 일단 '윤자^{綸子}'라는 낱말의 뜻을 찾아봐야 하는데, 국어사전에서는 찾을 수 없다. 이럴때면 참 난감한 생각이 든다. 할 수 없이 다른 데서 알아봐야 한다.

¶윤자(綸子): 단자(緞子)와 같이 경수자의 지에 위수자(緯繻子)의 문으로 제직한 수자문직에 대한 일본명이다.

『패션큰사전』(교문사, 패션큰사전편찬위원회, 1999)에 나온 설명이다. 풀이에 나와 있는 것처럼 일본 사람들이 만든 용어고, 일본어 사전에도 등재되어 있다. 그런데 윤건綸巾을 풀이하면서 왜 하필 일본 용어를 끌어들였을까?

전문 용어 사전이라 풀이에 나온 용어들을 이해하는 게 무척 어렵다. 그럼에도 윤자가 직물의 한 종류임은 짐작할 수 있다. 다시 돌아와서 윤건과 관건은 같은 물건을 가리키는 말일까, 아니면 서로 다른 것을 가리키는 말일까? 결론부터 이야기하면 둘은 같은 물건을 가리키는 말이다. '綸'은 '윤'과 '관' 두 가지 음으로 발음된다. 그렇다면 둘 중 어느 발음을 취할 것인가 하는 점이 문제인데, '綸巾'을 중국어사전에서 찾으면 다음과 같이 나온다.

¶綸巾: 발음[guānjīn] 청색 실로 만든 두건(제갈공명이 사용하였기 때문에 '諸葛巾'이라고도 함)

발음을 보면 '구안진(구안찐)'으로 되어 있다. 그렇다면 윤건이 아니라 관건이라고 읽어야 맞는다는 말이 된다. 위 풀이에는 청색 실이라고 되어 있지만 다른 자료에는 청색 명주실이라고 되어 있다. 비단이 명주실로 만드는 것이므로 윤건의 풀이가 아닌 관건의 풀이가 올바르다. '윤건'에서 일본말 윤자綸子를 끌어다 풀이한 무신경도 거슬리지만, 왜 같은 말을 두 가지 음으로 읽고 서로 다른 낱말처럼 처리했는지 황당한 마음이 든다.

연리^{戀里}와 홍규^{紅閨}

매음을 하는 여자들이 모여 있는 곳을 흔히 유곽^{遊廓}이라고 한다. 유곽은 16세기 후반 무렵 일본에서 생겼고, 말 자체도 일본에서 건너왔다. 하지만 식민지 시기부터 우리도 유곽이라는 말을 사용해서 지금에 이르다 보니 일본말이라는 의식이 없다. 이런 것까지 일본말이라고 배척할 필요는 없다고 생각하지만 정작 이해하기 어려운 낱말은 따로 있다.

¶연리(戀里): 많은 창녀를 두고 매음 영업을 하는 집. 또는 그런 집이 모여 있는 곳.=유곽.

¶연곽(戀廓): 많은 창녀를 두고 매음 영업을 하는 집. 또는 그런 집이 모여 있는 곳.=유곽.

둘 다 같은 뜻으로 풀었고, 동의어로 유곽을 제시했다. 연리와 연곽을 동의어로 표시하지 않은 건 실수라고 치자. 두 낱말이 일본어 사전에 유곽의 뜻으로 올라 있다. 우리가 전혀 사용하지도 않는 일본 한자어를 버젓이 우리 국어사전 안에 모셔 두는 까닭을 누가 설명해 줄 수 있을까? 일본어 사전에 같은 뜻을 가진 말로 유리^{遊里}도 올라 있는데, 이 낱말은 우리 국어사전에 올리지 않았으니 그나마 다행이라고 여겨야 하는 걸까?

문제는 여기서 그치지 않는다.

¶청루(靑樓): 창기(娼妓)나 창녀들이 있는 집=창관.

¶창루(娼樓): 창기(娼妓)를 두고 영업하는 집=기루.

¶기루(妓樓): 창기(娼妓)를 두고 영업하는 집≒창루, 홍규, 홍루.

¶창관(娼館): 창기(娼妓)나 창녀들이 있는 집≒청루.

¶홍규(紅閨): 1. 여인이 거처하는, 화려하게 꾸민 방. 2. 창기(娼妓)를 두고 영업하는 집. =기루.

¶홍루(紅樓): 1. 붉은 칠을 한 높은 누각이라는 뜻으로, 부잣집 여자가 거처하는 곳을 이르는 말. 2. 창기(娼妓)를 두고 영업하는 집. =기루.

국어사전 안에 유곽과 같은 뜻으로 사용하는 한자어가 꽤 많이 실려 있으며, 대개 중국이나 일본에서 건너온 말들이다. 청루^{靑樓}와 창루^{娼樓}는 조선 시대 문헌에서 더러 찾아볼 수 있고, 기루^{妓樓}는 식민지 시기 문헌에서 발견된다. 그러니 많이 쓰던 말들은 아니지만 우리 국어사전에 올릴 수는 있다고 본다. 하지만 창관^{娼館}이라는 명칭은 중국에서도 사용한 용례가 보이지만 일본에서 더 많이 쓰던 표현이고 우리는 유곽에 그런 이름을 붙이지 않았다.

홍루^{紅樓}는 중국어사전에는 보이지 않고 일본어사전에만 나오며, 홍규^{紅閨}는 일본어사전과 중국어사전에 함께 나오지만 둘 다 첫 번째 뜻만 제시하고 있다. 그렇다면 우리만 홍규^{紅閨}를 유곽의 뜻으로 사용했다는 말이 되는데, 나로서는 수긍이 가지 않는다. 홍루에서 그런 의미를 유추했는지 모르겠으나 뚜렷한 근거 없이 그래서는 안 된다.

그 밖의 말들

¶운둔근(運鈍根): 사람이 성공하는 데 필요한 세 가지 요소. 운이 좋고 고지식하며 끈기 있는 것을 이른다.

언뜻 보기에도 이상한 저 말을 누가 어디서 썼기에 국어사전에 실었을까? 삼성 창업주인 이병철의 경영철학을 담은 '호암어록'에 저 낱말이 실려 있다는 사실 외에 다른 곳에서는 용례를 찾을 수 없었다.

¶運鈍根: 好運と愚直と根気. 事を成しとげるのに必要な3条件としてあげられる. 運根鈍.

(번역) 좋은 운과 우직함과 끈기. 일을 이루는 데 필요한 세 가지 조건으로 꼽힌다. 운근둔.

맨 뒤에 동의어로 글자 순서를 바꾼 운근둔이 제시되어 있으나 우리 국어사전에는 운둔근만 있다. 식민지 시기에 일본어를 배웠던 세대는 혹시 아는 낱말인지 모르겠으나, 지금은 저런 말이 있는지 아는 사람도 없거니와 아무도 쓰지 않는 말이다.

¶중도반단(中途半斷): 시작한 일을 완전히 끝내지 아니하고 중간에 흐지부지함.

이 말은 본래 일본 사람들이 만들어 쓰던 한자어다. 식민지 시기에 들어와 한동안 많이 쓰였으나 지금은 쓰는 사람이 거의 없으며, 아예 싣지 않은 국어사전도 많다. '中途半端'으로 써야 하는데 마지막 글자인 '端'을 '斷'으로 바꿔치기했다. 『표준국어대사전』과 『고려대한국어대사전』이 같은 오류를 범하고 있는데, 가져오려면 제대로나 가져왔어야 한다.

¶中途半端: 物事の完成まで達しないこと。また、どっちつかずで徹底しないさま。
(번역) 일의 완성까지 도달하지 않기. 또, 애매모호하고 철저하지 말기.

더 낯선 말도 있다.

¶개금셔츠(開襟shirt): 넥타이를 매지 않고 입을 수 있도록 만들어진 셔츠.

한자어와 영어를 합친 말인데, 대체 누가 이런 조어법을 써서 만들었는지 궁금한 말이다. 역시 일본어사전에서 출처를 찾을 수 있었다.

¶開襟シャツ: えりを開き、ネクタイを結ばないで着用するようにしたシャツ。
(번역) 옷깃을 열어 넥타이를 매지 않고 착용하도록 한 셔츠.

낯선 말이 자꾸 이어서 나온다.

¶절간고구마(切干고구마): 얇게 썰어서 볕에 말린 고구마.

절간고구마는 '절간'과 '고구마'를 합친 합성어다. 하지만 국어사전에 절간(切干)이 독립된 표제어로 올라 있지 않다. 그렇다면 우리가 쓰던 말이 아니라는 얘기다. 절간(切干)은 일본에서 쓰는 한자어고, 일본 발음으로 읽으면 기리보시(きりぼし)가 된다. 일본어사전에서 기리보시를 찾으면 '무, 고구마 등을 얇게 길쭉한 모양으로 잘라 말린 것'이라고 나온다. 우리말로는 고구마말랭이라고 하면 된다. 하지만 국어사전에 무말랭이는 있어도 고구마말랭이는 찾을 수 없다.

¶가모기(家母器): 주로 겨울에 어미 닭 없이 병아리를 기르는 장치. 좁고 긴 상자를 두 칸으로 나누어 하나는 운동장, 다른 하나는 방한실(防寒室)로 쓴다.

양계법을 다룬 일본 책에 나오는 용어이며, '가(家)'가 아니라 '가(假)'를 써서 가모기(假母器)라고 하는 걸 한자마저 잘못 표기했다. 우리는 '육추기(育雛器)'라는 말을 쓴다.

¶전선병(傳線病): 여자의 긴 양말이 세로로 올이 풀리는 일.

올이 풀리는 걸 병(病)이라고 하는 게 이상하다는 느낌을 지울 수 없다. 일본어사전에 이렇게 나와 있다.

¶伝線: 婦人の靴下などが線状にほころびること.

(번역) 여성의 양말 등이 선 모양으로 터지는 것.

¶伝線病: (「伝染病」のもじり)女性の靴下などの破れが, 縦に続いて他に及ぶこと.

(번역) ('전염병'을 비튼) 여자 양말 등의 찢어진 것이 세로에 이어 다른 곳에 이르는 것.

전선병^{傳線病}은 일본에서 속어처럼 쓰는 말이라 상당수의 일본어 사전은 싣지 않고 있다. 내가 저 낱말을 찾은 일본어사전은 『신명해국어사전^{新明解国語辞典}』이다. 일본의 속어까지 찾아서 실을 만큼 정성이 대단한 반면, 전선^{傳線}은 표제어에 싣지 않았으니 그나마 다행인 걸까? 간혹 사람들이 양말이나 스타킹의 올이 나갔을 때 "덴싱이 나갔다"고 하는 경우가 있는데, 덴싱은 전선^{傳線}의 일본어 발음 '덴셍^{でんせん}'에서 왔다.

¶유산여행(遊山旅行): 높은 관직에 있는 사람들이 공금으로 본래의 목적인 조사, 시찰보다는 놀기 위하여 하는 여행을 놀림조로 이르는 말.

이 낱말도 일본어사전 안에는 없고 속어처럼 쓰는 말인데 귀신같이 찾아서 실었다.

¶백석인종(白皙人種): 〈고유명 일반〉 피부색이 흰 인종.

백석인종이라는 말이 있다면 흑석인종이나 황석인종이라는 말도 있어야 할 것 같은데 국어사전 안에 다른 말은 보이지 않는다.

이상하면 일본어사전을 찾아보아야 한다. 다른 일본어사전 표제어에는 없고 『일본국어대사전^{日本国語大辞典}』에만 보이는 낱말이다. 다른 일본 자료를 찾으니 1900년도 요미우리 신문^{読売新聞}에 '黄色人種のみに限らずして白皙人種も甚だ多きことなれば'라고 하는 기사 내용이 있으며, 풀이하면 '황인종뿐만 아니라 백석인종도 심히 많다면'이라는 뜻이다. 일본에서 근대 초기에 잠시 썼던 말임을 알 수 있다.

국어사전에 백석^{白皙}이 별도로 표제어에 있다.

¶백석(白皙): 얼굴빛이 희고 생김새가 빼어남.

우리 옛 자료에서는 이런 용어를 쓴 게 발견되지 않으며 중국에서 드물게 용례가 발견되긴 하지만 일본에서 많이 쓰는 말이다. '皙'은 '얼굴이 하얗다'라는 뜻이니 흑석인종이나 황석인종 같은 말은 애초에 탄생할 수 없었다. 일본에서는 지금도 '白皙の美男(백석의 미남)'이나 '白皙の美青年(백석의 미청년)' 같은 식으로 쓰인다. 물론 우리나라 사람들은 아무도 안 쓰는 표현이다.

¶안찰(贋札): 가짜 지폐.

¶위찰(偽札): 위조한 지폐.

위찰은 더러 쓰인 적이 있지만 안찰이 쓰인 용례는 찾기 힘들다. 일본에서는 '贋'과 '偽'를 혼용해서 쓴다. 그래서 위조나 위조품을 안조^{贋造}나 안조품^{贋造品}이라고도 하며, 우리도 한때 그런 용어들을 받아서 쓴 적이 있다.

¶결착(決着/結着): 완전하게 결말이 지어짐.

¶決着·結着: 結論·結果が出ること. 物事のきまりがつくこと.

(번역) 결론·결과가 나오는 것. 판가름이 나다.

▶마키노 요시히로(牧野愛博) 아사히신문 편집위원은 30일 '문 정부의 결단, 신뢰 관계가 열쇠'라는 제목의 기자 해설에서 "한일 양국 정부에선 정치 결착(決着·매듭짓기)밖에 해결의 길이 없다는 목소리가 나오고 있다"며 이같이 밝혔다(중앙일보, 2020.11.30.)

결착은 일본 사람들이 쓰는 말이다. 그래서 일본 사람이 한 말을 그대로 옮기면서 우리가 쓰지 않는 낱말이라 괄호 안에 '매듭짓기'라고 친절하게 풀이해 주었다.

¶염지(艶紙): 겉면이 매끈매끈하며 윤이 나는 내수성(耐水性) 종이. 화장지, 포장지 따위로 쓴다.

이것도 일본에서 만들어 쓰는 말이다. 『고지엔広辞苑』의 풀이를 보자.

¶つやーがみ(艶紙): 片面に美しい光沢·色彩をもつ紙. 化粧紙·包紙に用いる.

(번역) 한쪽 면에 아름다운 광택과 색채를 가진 종이. 화장지와 포장지에 사용한다.

하나 더 살펴보자.

¶성명성(聲明聲): 성명(聲明)을 제창하는 것과 같은 소리.

이번에도 『고지엔広辞苑』을 찾아보니 이렇게 나온다.

¶しょうみょう‐ごえ(声明声): 声明を唱えるような声.

(번역) 성명을 제창하는 듯한 소리.

우리가 쓰지 않는 일본 한자어가 국어사전 안에 얼마나 들어와 있는지 정확하게 헤아리기 어려울 정도다. 그런 낱말 몇 개를 소개한다.

¶추선(推選): 추천하여 많은 가운데서 골라 뽑음.

¶금작(今作): 현대적인 방식으로 만듦.

¶험기특(驗奇特): 눈앞에 나타나는 신기한 효험.

¶은문(恩問): 남을 높여 그의 방문(訪問)을 이르는 말.

¶화상(火床): 보일러의 불을 때는 곳.

¶진사고(珍事故): 기이하고 이상야릇한 사고.

¶진사건(珍事件): 기이하고 이상야릇한 사건.

일본어사전 풀이를 그대로 가져온 말

일본 사전 그대로

국어사전에서 낱말 풀이를 살피다 보면 여러모로 불편하거나 해석에 어려움을 겪곤 한다. 그중의 하나가 풀이에 나오는 낱말이 정작 표제어에는 없다는 사실이다. 풀이는 낱말의 뜻을 알기 쉽게 전달해야 하는데 풀이가 낱말보다 어려우면 어떻게 되겠는가. 표제어에도 없는 낯선 말이 풀이에 들어간 이유는 그런 낱말 중 상당수가 일본어사전에서 풀이를 그대로 옮겨 왔기 때문이다. 즉 일본 사람들이 쓰는 용어나 표현을 우리 실정에 맞도록 바꾸어야 하는데, 그런 수고를 거치지 않아서 발생한 일이다. 제시한 낱말들을 우리 국어사전과 일본어사전에서 풀이한 내용을 비교해 보면 거의 흡사하다는 걸 알 수 있다.

¶비닐(vinyl): 〈화학〉 비닐 수지나 비닐 섬유를 이용하여 만든 제품을 통틀어 이르는 말. 내수성, 기밀성(氣密性), 가소성 따위를 이용하여 유리, 옷감, 가죽 따위의 대용품으로 쓴다.

→기밀성(氣密性)이 표제어에 없다.

¶ビニール(英vinyl): ビニール樹脂・ビニール繊維や、その耐水性・気密性・可塑性を利

用して ガラス・布・革 などの代用とする製品の総称.

(번역) 비닐수지·비닐섬유와 그 내수성·기밀성·가소성을 이용하여 유리·천·가죽 등의 대용으로 하는 제품의 총칭.

¶수정(水晶): 〈광업〉 무색투명한 석영의 하나. 육방주상(六方柱狀)의 결정체이며, 주성분은 이산화 규소이다.

→육방주상(六方柱狀)이 표제어에 없다.

¶水晶・水精: 大きく結晶した石英.ふつうは無色透明.六方柱狀の結晶.

(번역) 커다랗게 결정된 석영. 보통 무색투명하고 육방주상의 결정.

¶스포일러(spoiler): 〈교통〉 항공기의 주익(主翼) 위쪽의 가동판(可動版). 항공기의 속도를 떨어뜨려 하강·선회 능률을 높인다.

→가동판(可動版)이 표제어에 없다.

¶スポイラー(spoiler): 航空機の主翼上面の可動板. 揚力を減少し抗力を増加させる.

(번역) 항공기의 주익(主翼) 윗면의 가동판. 양력을 감소시키고 항력을 증가시킨다.

¶마들렌 문화(Madeleine文化): 〈역사〉 서유럽 구석기 시대 말기의 문화. 프랑스의 마들렌 유적을 대표로 하며, 발달된 골각기와 동굴에 그린 암각화와 다채색 벽화가 특징이다. 마들렌 암음(巖陰), 라스코·알타미라 동굴 따위의 유적이 유명하다.

→암음(巖陰)이 표제어에 없다.

¶マドレーヌーぶんか: 西ヨーロッパ旧石器時代の後期最末の文化.骨角器の発達と洞窟絵画・彫刻が特徴.マドレーヌ岩陰・ラスコー・アルタミラ洞窟などの遺跡が著名.

(번역) 서유럽 구석기시대 후기 마지막 문화. 골각기의 발달과 동굴 회화, 조각이 특징. 마들렌 암음(岩陰), 라스코, 알타미라 동굴 등의 유적지가 유명.

¶량산포(Liangshanpo[梁山泊]): 〈지명〉 중국 산동성(山東省) 서부에 있던 늪. 험준한 곳이어서 예로부터 도적과 모반군의 근거지가 되었다고 한다.

→모반군이 표제어에 없다.

¶梁山泊: 中国山東省の西部.(えん)州の東南.梁山の麓にあった沼. 鉅野沢(きょやたく)ともいった. 天険の地で.古来.盗賊,謀反軍の根拠地となっていたが….

(번역) 중국 산동성(山東省) 서부, 원주(圓州) 동남쪽, 양산(梁山) 기슭에 있던 늪. 거야택이라고도 했다. 천험의 땅으로 예로부터 도적과 모반군의 근거지였으나….

¶입사(入寺): 3. 〈불교〉 정토종에서, 도제(徒弟)가 비로소 승려를 양성하는 학교인 단림(檀林)에 들어가는 일. 4. 〈불교〉 진언종에서, 승려의 계급 가운데 하나.

→단림(檀林)이 표제어에 없다.

¶入寺: 江戸時代,浄土宗で毎年正月一一日に.檀林支配下の徒弟たちが檀林に入学すること. 中古以後.真言宗などの大寺で行われた.僧侶の階級.

(번역) 에도 시대에 정토종에서 매년 정월 초하루에 단림 지배하의 도제들이 단림에 입학하는 것. 중고(中古) 이후 진언종 등 큰 절에서 행해진 승려 계급.

불교의 한 종파인 정토종은 중국에서 일어나 우리나라에도 전해졌으나 세가 그리 크지는 않고 오히려 일본에서 널리 퍼졌다. 따라서 위 풀이에 나오는 정토종은 일본의 정토종을 말한다. 4번 풀이에 나오는 진언종 역시 일본 밀교 종파의 하나이며, 일본에서 우리나라로 전해지기도 했다. 3번과 4번 풀이는 모두 일본에서 사용하는 용어에 대한 설명이다.

¶진주(眞珠/珍珠): …조개의 체내에 침입한 모래알 따위의 이물(異物)이 조가비를 만드는 외투막(外套膜)을 자극하여 분비된 진주질이 모래알을 에워싸서 생긴다.

→진주질이 표제어에 없다.

¶真珠: …貝の体内に侵入した砂粒などの異物を, 外套膜(ガイトウマク)から分泌された真珠質が包んでできる.

(번역) 조개의 체내에 침입한 모래알과 같은 이물질을 외투막에서 분비된 진주질이 감싸서 생긴다.

¶청진기(聽診器): 〈의학〉 환자의 몸 안에서 나는 소리를 듣는 데 쓰는 의료 기구. 집음부(集音部)의 소리를 고무관으로 유도하여 양쪽 귀로 듣는 것을 많이 쓰며, 1816년에 프랑스의 라에네크(Laënnec, R.)가 발명하였다.

→집음부(集音部)가 표제어에 없다.

¶聽診器: 聽診するための器具. 1816年フランスのラエネクが発明. 現在では集音部から音をゴム管で導き両耳で聴く双耳型が多く用いられるが….

(번역) 청진하기 위한 기구. 1816년 프랑스의 라에네크가 발명. 현재는 집음부에서 소리를 고무관으로 이끌어 양쪽 귀로 듣는 쌍이형이 많이 이용되지만….

¶촬상관(撮像管): 〈전기·전자〉 피사체의 광학상(光學像)을 전기 신호로 바꾸는 특수 전자관.

→광학상(光學像)이 표제어에 없다.

¶撮像管: 被写体の光学像を電気信号に変換する特殊電子管.

(번역) 피사체의 광학상을 전기 신호로 변환하는 특수 전자관.

¶폰툰(pontoon): 1. 〈군사〉 상륙, 도하(渡河) 따위에 사용하는 군용의 철주(鐵舟). 2. 〈교통〉 밑이 평평한 작은 배. 목제·강철제·철근 콘크리트제 따위가 있으며, 기중기·준설 펄프의 대선(臺船)·부잔교(浮棧橋) 따위로 이용한다.

→대선(臺船)이 표제어에 없다.

¶ポンツーン(pontoon): 1. 底の平らな小舟. 2. 上陸·渡河に用いる軍用の鉄舟. 3. 浮ドックの箱. 浮棧橋を支える台船.

(번역) 1. 밑이 평평한 작은 배. 2. 상륙과 도하에 사용하는 군용의 철주(鐵舟). 3. 부양식 도크의 상자. 부잔교를 지탱하는 대선(台船).

¶해안림(海岸林): 〈해양〉 염분이 많은 해안의 모래땅, 암석지(巖石地) 따위에 발달하는 숲.

→암석지(巖石地)가 표제어에 없다.

¶海岸林: 塩分の多い海岸の砂地·岩石地などに発達する林.

(번역) 염분이 많은 해안의 모래땅·암석지 등에 발달하는 숲.

일제 식민지 시기에 쓰던 말

【─出身】 [─썬] 몡 총 놓는
금제한 사람을 경멸해 일컫

몡 하타 논을 새로 만둘.
몡 뷘 낱낱마다. 하나에. ¶~ 20
ㄴ원.
몡 뷘 치마의 주름.
ner] 몡 하타 깨우쳐 인도함.
ↄ개발 도상국.
【배途國】 몡 사막 잠신 야훼를 섬기는
敎督】 몡 개신기독교의 준말로 욕처럼 사용.
와 민족을 부정하고 야훼에 의해 흙으로
어 졌다는 망발을 일삼으며 개념을 상실함
수천국 불신지옥이라는 극단적인 사상을 가
ㅗ 있으며 과학자들에 의하면 아메바에서 바
진화되었을 것으로 추정됨.   ②개 나 되
개:~돼지 몡 ①개 와 돼지.
도 【獸禁】 몡 ①가정석(加檢石).

복지와 구호 제도

어느 시대에나 빈민은 존재하기 마련이다. 빈민을 방치할 경우 자칫 사회문제로 번질 소지가 있으므로 적절한 구호 대책을 수립하는 건 국가의 기본 의무이며, 시대별로 다양한 구휼제도를 만들어 시행해 왔다. 국가가 그런 역할을 제대로 담당하지 못할 때는 민간에서 그런 역할을 하기도 했다.

일제 식민지 시기에는 어땠을까? 국어사전 안에서 당시의 상황을 파악할 수 있게끔 하는 용어를 찾아보았다.

¶보호구속(保護拘束): 〈역사〉 일제 강점기에, 구호가 필요하다고 인정되는 사람을 보호할 목적으로 행하던 구속.

'구속'이라는 낱말이 주로 부정적인 뜻으로 쓰이다 보니 선뜻 '구호'라는 낱말과 어울리는 쌍으로 다가오지 않는다. 이럴 경우 대체로 일본에서 건너온 용어일 가능성이 높다. 찾아보니 역시 일본에서 만들어 시행했던 정신위생법에 같은 용어가 나온다. 거기서 규정하고 있는 보호구속의 내용은 이렇다.

"자신을 해하거나 타인에게 해를 끼칠 우려가 있는 정신장애인으로 입원을 요하는 자가 있는 경우, 즉시 그자를 정신병원에 수용할수 없는 부득이한 사정이 있을 때에는 정신장애인의 보호 의무자는 도도부현지사의 허가를 얻어 정신병원에 입원시킬 때까지 정신병원 이외의 장소에서 보호구속을 할 수 있다."

정신병원 이외의 장소에서 보호구속을 한다는 건 결국 임의로 만든 시설에 감금한다는 의미다. 실제로 외부와 차단된 사택에 1~2평 정도의 좁은 감치실을 만들어 가둔 다음 신체를 마음대로 움직이지 못하도록 구속복을 입히거나 팔다리에 수갑과 쇠사슬을 묶어 도망치지 못하도록 했다. 정신장애인에 대한 인권 개념 자체가 없었다고 할 수 있는데, 일본에서 보호구속 제도가 폐지된 건 1965년의 일이다.

이 제도가 그대로 식민지 조선에 도입되었으며, 이를 알려주는 당시의 신문기사가 있다.

▶정신병자가 현재 전 조선에… 2,800명이라는 다수에 달하나 이들을 수용할 기관이나 병원으로는 경성제대부속병원 한 곳뿐… 그들을 보호하는 하등의 법규도 없어 다만 경찰법 처벌 규측을 적용하야 보호구속을 하는 데 불과하므로 아무 효과를 얻지 못하야 일반의 우려하는 바 되어 잇엇든바 총독부 위생과에서도 이 점을 고려하야 명년도 예산에는 약 20만 원을 계상하야 그들을 보호할 시설을 하기로 하고…(동아일보, 1935.5.9.)

이와 같은 내용에 비추어 보면 『표준국어대사전』에 실린 '보호 구속'에 대한 풀이가 얼마나 허무맹랑한지 알 수 있다. 구호가 필요한 게 아니라 치료가 필요한 것이며, 보호가 아니라 감금이라고 해야 본뜻에 맞다.

¶수산장(授産場): 직업이 없거나 생활이 곤란한 사람에게, 일자리나 기능 습득의 기회를 주는 보호 시설

지금 이런 명칭을 사용하는 시설은 없다. 그렇다면 언제 사용하던 말인지 밝혀주었어야 한다. 이 말은 일본에서 사용하던 용어를 가져온 것으로, 나중에 수산장이라는 단독 명칭으로 사용하기도 했지만 애초에는 은사수산장恩賜授産場이라는 이름으로 출발했다. 은사恩賜 혹은 은사금恩賜金이라는 용어 역시 일본 사람들이 만들어 쓰던 말이다. 본래 일왕이 내려주던 물품이나 금품을 뜻하던 용어로, 고종이 조선을 대한제국으로 개칭하면서 우리도 따라서 사용하기 시작했다.

경술국치를 당하던 1910년 8월 29일, 조선총독부는 임시은사臨時恩賜에 관한 규정을 관보에 공포하고 시행했다. 내용은 조선 병합에 따른 민심의 이탈을 방지하고 수습하기 위해 일본 정부가 은사금을 내놓기로 했다는 건데, 이 자금 중 일부를 수산장授産場을 설치하여 운영하는 데 쓰도록 했다. 그렇게 해서 경성을 비롯해 전국 각지에 잇따라 은사수산장이라는 이름의 시설이 만들어졌다. 경성에는 단성사가 있던 묘동에 은사수산장을 세웠으며, 그래서 이곳을 일제 식민지 시기에는 수은동授恩洞이라는 행정 지명으로 불렀다. 은사수

산장에서는 주로 누에치기나 가마니 짜기, 양계와 축산 등에 관한 기초 지식과 기능을 전수하는 역할을 했다. 일부 하층민에게 도움이 된 건 사실이나 조선 민중들의 불만을 잠재우기 위한 회유책으로 고안된 것이었다.

¶인보관(鄰保館): 〈복지〉 인보 사업과 빈민 구제를 목적으로 세운 단체. 또는 그런 집≒보린관.

사회복지를 전공한 사람들에게는 익숙한 용어일 테지만 그렇지 않은 사람들에게는 생소하게 다가오는 용어다. 일단 풀이에 나오는 '인보 사업'부터 걸릴 텐데, 인보鄰保라는 한자어는 중국과 우리도 예로부터 써왔다.

¶인보(鄰保): 1. 가까운 이웃집이나 이웃 사람. 중국 당나라 때 한 집의 이웃 네 집을 '인(鄰)'이라 하고, 그 집을 보탠 다섯 집을 '보(保)'라 하는 주민 조직이 있었던 데서 유래한다. 2. 가까운 이웃끼리 서로 도움. 또는 그런 목적으로 세운 단체. 3. 〈역사〉 조선 초기에, 향촌을 통제하고 호적을 작성하기 위하여 10호(戶) 또는 여러 호를 하나로 묶은 편호 조직.

무척 자세하게 풀이했다. '인보'와 '인보관' 사이에 내용상 유사성은 있지만 역사 배경은 사뭇 다르다. 인보관은 일본이 서양에서 시작한 빈민 구호 기관을 본떠서 설치한 단체나 시설을 뜻하는 말로 쓰기 시작했다. 일본이 모델로 삼은 건 1884년 런던에 세워진 토인비홀Toynbee Hall이다. 산업혁명 이후 도시로 인구가 몰리면서 빈민가가 형성되자 가난한 노동자들의 생활 환경을 개선시키고 무료 법률 상담, 실태조사, 아동과 병자의 보호 등을 목적으로 세운 기관이다. 이 운동은 이후 미국으로 건너가 확산했으며, 이런 인보 사업을 뜻하는 외래어도 국어사전에 실려 있다.

¶세틀먼트(settlement): 〈복지〉 복지 시설이 낙후된 일정 지역에 종교 단체나 공공 단체가 들어와 보건, 위생, 의료, 교육 따위의 다양한 활동을 통하여 주민들의 복지 향상을 돕는 사회사업.

이런 낯선 외래어가 국어사전에 실린 이유는 대부분의 일본어 사전에 이 용어가 실려 있기 때문이다. 이제 우리나라의 인보 사업에 대한 이야기로 들어갈 차례다. 연구자들에 따라 우리나라 최초의 인보관으로 1906년 미국 감리교 여선교사 놀스^{M. Knowles}가 세운 원산의 반열방^{班列房}이나 역시 미국 선교사가 1921년에 세운 태화여자관을 들기도 한다. 하지만 인보관이라는 명칭을 직접 사용한 건 총독부가 1929년 경성에 세운 동부인보관이 처음이다. 이후 북부, 마포, 성동, 영등포 지역에도 인보관을 세웠으며 1954년에 문을 닫았다. 일본에서는 지금도 인보관이라는 명칭을 사용하고 있으며, 우리는 복지관이라는 명칭을 쓴다.

인보관을 세우기 전에 총독부는 잠시 방면위원이라는 제도를 시행하기도 했다. 이 말도 국어사전에 나온다.

¶방면위원(方面委員): 〈복지〉 1853년에 프로이센에서 창설한 구빈 제도. 또는 그 인적(人的) 기관. 일정한 지역 안에서 거주자의 생활 실태를 조사하여 가난한 사

람들을 보호하고 지도하였다.

여기서는 프로이센에서 창설한 제도라는 설명만 나온다. 이 제도 역시 일본에서 받아들였으며 식민지 조선에도 도입해서 시행했다.

▶방면위원들이 빈민을 위하야 각 가뎡을 방문하고 불용품(不用品)의 동정을 엇는다는 것은 긔보한 바와 갓거니와 예뎡과 가티 지난 십오 십육 량일간을 활동한 결과 북부(北部)에서는 일백칠십구호에서 사백칠십구 뎜 동부(東部)에서는 이백삼십호에 오백칠십오 뎜 합계 일천오십사 뎜을 모핫는데…(동아일보, 1928.12.18.)

기사 내용을 보면 빈민들에게 구호품을 모아 전달하는 활동을 펼쳤음을 알 수 있다. 방면위원 제도는 1927년에 도입했으며 인보관과 함께 빈민 구제 활동을 했다. 국어사전에 이왕 방면위원이라는 표제어를 올렸으면 이런 내용까지 담아냈어야 한다.

가계미가와 협조회

¶가계미가(家計米價): 〈경제〉 어떤 해에 조사한 가계비를 기초로 하여 산출한 쌀의 가격. 통제 경제 아래에서 쌀값을 결정하는 한 방법으로, 소비자가 쌀값으로 지출할 수 있는 능력을 고려하여 쌀값을 결정한다.

쌀을 주식으로 삼는 나라에서 쌀값을 안정시키는 건 매우 중요한 정책 과제다. 하지만 쌀값은 생산자와 소비자의 이해가 엇갈리기 때문에 적당한 수준에서 결정하는 게 퍽 어려운 문제이기도 하다. 생산자는 생산 원가와 노동력에 맞추어 합당한 금액을 받기를 원하지만 소비자는 자신들의 생활 수준에 맞추어 낮은 가격에 구매할 수 있기를 바라기 때문이다.

가계미가라는 용어는 1930년대에 등장했으며, 일본 내지와 조선 식민지에 함께 적용했다. 이 용어를 이해하려면 그 전에 먼저 나왔던 솔세미가率勢米價라는 용어를 알아야 한다. 하지만 솔세미가는 국어사전에서 찾을 수 없다.

1930년대 초에 실시한 솔세미가는 정부가 쌀값을 조절할 때 최고가와 최저가의 한도를 정한 다음 그 중간에서 쌀값이 왔다 갔다

하도록 만든 것이다. 만일 그 범위를 벗어나면 정부가 인위적으로 쌀값을 조절할 수 있도록 했다. 하지만 이 정책은 실시 초기부터 줄곧 반발을 불러왔다. 그 무렵 아예 정부가 책임지고 쌀의 매입과 판매를 책임지는 전매제도를 도입하자는 요구도 있었으나 실현되지는 않았다. 이후에도 쌀값이 정부가 정한 금액을 넘어가곤 했으며, 그에 따라 등장한 게 가계미가家計米價 정책이다.

예나 지금이나 물가 안정을 위해 저곡가 정책을 실시하고 있다. 생산자 중심이 아니라 소비자 중심 정책인 셈인데, 그러다 보니 농민들의 불만이 쌓일 수밖에 없다. 식민지 시기에 실시한 솔세미가나 가계미가도 농민들에게 실질적인 도움이 안 된 건 마찬가지다.

가계미가처럼 잠시 시행되다 말았던 낯선 제도를 일컫던 용어를 국어사전에 실었어야 하는지 의문이다. 실으려면 언제 쓰였던 말인지 밝혀줌과 동시에 수세미가 같은 말도 같이 실어서 균형을 맞추었어야 한다.

이보다 더 심한 말도 『표준국어대사전』에 실려 있다.

¶협조회(協調會): 〈사회 일반〉 사업주와 근로자 사이의 협동과 조화를 꾀하여 사회 시설의 조사 연구를 목적으로 하는 모임.

마치 요즘 사용하는 말인 것처럼 보이지만 협조회는 우리나라가 아니라 일본에서 예전에 만든 조직이다.

제 1차 세계대전 후 노동운동이 격화하자 이에 대응하기 위해 일본 정부와 재계가 각각 출연금을 내서 1919년 12월 22일 반관반민 형태인 재단법인을 세우고 이름을 협조회協調會라고 했다. 이 기구에는 내무 관료 및 기업인들이 참여했으며, 노사협조주의를 표방했다. 주요 사업 내용으로는 사회 정책에 관한 조사와 연구, 사회 정책에 대한 정부의 자문, 강습회와 강연회의 개최, 노동자 교육, 직업 소개, 노동쟁의의 중재와 화해 등을 이끌었다. 조직의 성격이 반노동자적이라는 이유로 많은 비판을 받았으며, 결국 패전 후인 1946년에 해산했다. 협조라는 말이 들어가긴 했으나, 성격상 노동자들에게 일방적으로 협조를 강요하는 의도가 다분했기 때문이다. 이런 단체 이름이 정확한 설명도 없이 우리 국어사전에 올랐다는 것 자체가 놀라운 일이다.

상우賞遇와 자변自辨

『표준국어대사전』에 나오는 감옥 생활과 관련한 낱말 중에는 꽤 낯선 용어들도 보인다

> ¶상우(賞遇): 잘못을 크게 뉘우친 죄수에게 상으로 주는 특별 대우. 면회나 편지 발송의 횟수, 작업 상여금의 할당, 식사의 반찬 따위를 늘려 준다.

조선 시대의 문헌에도 이 한자어가 나오기는 한다. 하지만 상을 준다는 정도의 일반적인 용법으로 쓰였을 뿐이다. 이 말이 죄수들을 다루는 행형行刑과 관련한 용어로 쓰인 건 조선총독부령 제34호 조선감옥령시행규칙에서였다. 해당 조문은 다음과 같다.

제154조 상우(賞遇)는 다음과 같다.
1. 제123조에서 정한 접견의 도수(度數) 및 제129조에서 정한 신서 발수(發受)의 도수(度數)를 1회씩 증가하는 것
2. 친의(襯衣)의 자변(自辨)을 허용하는 것
3. 작업의 변경을 허용하는 것

4. 제71조에서 정한 작업상여금 계산고의 비율을 상표(賞表) 1개마다 10분의 1씩 증가하는 것

5. 상표(賞表) 1개를 가지는 자에게는 1주간에 1회, 상표 2개를 가지는 자에게는 1주간에 2회, 상표 3개를 가지는 자에게는 1주간에 3회 채(菜)를 증급하는 것. 단, 그 대가는 1회 3전(錢) 이하로 한다.

어려운 한자어가 많이 나온다. 도수^{度數}는 횟수, 친의^{襯衣}는 속옷, 자변^{自辨}은 자기 돈으로 사는 것, 채^菜는 채소나 나물 반찬을 말한다. 상표^{賞表}는 국어사전에 없는 말인데, 상 받을 만한 일을 했을 때 주는 확인증 같은 걸 말한다. 위 시행규칙에 따르면 최대 3개까지 줄 수 있었다. 이 중에서 자변^{自辨}이라는 낱말을 잠시 살펴보자.

¶자변(自辨): 스스로 비용을 부담함.

이 한자어 역시 조선 시대에도 사용했으나 그때는 스스로 자기를 변명한다는 뜻으로 썼다. 위 풀이에 나오는 용법은 일본 사람들이 사용하는 방식이다. 우리가 사용하던 용법을 버리고 일본 사람이 사용하는 용법만 싣는다면 그걸 우리 국어사전이라고 부르기 민망한 일이다.

그런 의미에서 행형 용어로 사용하는 상우^{賞遇}도 우리말이라고 하기는 어렵다. 식민지 시기에 만든 법률 조문에 들어 있긴 해도 그건 일본인들이 사용하던 용어를 가져와서 억지로 집어넣은 것일 뿐이다. 일종의 이식된 언어라고 할 수 있는데, 이후에 우리 언어생활 속에 충분히 녹아들어 사용되었다면 굳이 문제 삼을 일이 아니다.

하지만 그런 동화 과정을 거치지 못했고 지금은 용도 폐기된 용어라고 봐야 한다. 이 말이 『고지엔広辞苑』에 다음과 실려 있다.

¶賞遇: 改悛かいしゅんの状がみられる受刑者に賞として与える優遇。面会・信書発送の回数を増し、肌着の自弁または作業の変更を許し、作業賞与金の割合を増し、特別の食糧・飲料を与えるなど。2005年監獄法改正前の用語。

(번역) 개전의 정을 보이는 수형자에게 상으로 주는 혜택. 면회, 서신 발송 횟수를 더해 주고, 자비로 속옷을 사거나 작업의 변경을 허락한다. 작업상여금의 비중을 늘리고 특별 음식과 음료를 준다. 2005년 감옥법 개정 전의 용어.

위에서 소개한 조선감옥령시행규칙의 내용과 같다. 『고지엔広辞苑』에 따르면 일본에서도 2005년 이후에는 안 쓰는 용어임을 알 수 있다.

관리와 관청

구한말 무렵부터 근대적 관료제도가 도입되어 실시되기 시작했다. 근대 문명 자체가 대체로 일본을 거쳐 들어왔으니 관련 용어도 대부분 일본 용어의 영향을 받았다.

¶상당관리(相當官吏): 〈법률〉 국가가 채용하지는 아니하였으나 공무원의 대우를 받는 사람. 공립 학교의 직원, 공사의 직원 등이 있다.

¶相当官吏: 旧制で官吏と同等の待遇を受けた職員. 官幣社・国幣社の神職、公立学校職員など.

(번역) 구제(旧制)에서 관리와 동등한 대우를 받은 직원. 관폐사(官幣社)와 국폐사(国幣社)의 신직(神職), 공립학교 직원 등.

『표준국어대사전』에서 저 말을 보는 순간 일본에서 쓰는 용어라는 생각이 들었고, 그런 예상은 빗나가지 않았다. '구제(旧制)'라는 말에서 보듯 일본에서도 옛날에나 쓰던 용어라는 사실을 알 수 있다. 관폐사(官幣社)와 국폐사(国幣社)는 둘 다 정부로부터 공물을 받아 운영하던 신사(神社)를 가리키는 말이다. 비슷한 말이 하나 더 있다.

¶등기관리(登記官吏): 〈행정〉 지방 법원장의 지정을 받아 등기소에서 등기 사무를 처리하는 공무원.=등기 공무원.

조선 시대나 일제 식민지 시기라면 몰라도 지금 누가 공무원을 관리라고 부른단 말인가. 최소한 예전에 쓰던 말이라는 정도라도 설명해 주어야 한다.

¶관해관청(管海官廳): 〈교통〉 배, 선원 따위의 해양에 관한 행정을 맡아보는 관청.

조선총독부 관보 등에 위 용어가 사용되었고 1950년대 신문에도 더러 보이긴 하지만 진작 용도 폐기된 용어다.

¶도청(島廳): 섬의 행정 사무를 맡아보는 관청.

섬에도 주민을 다스리기 위한 관청을 세울 수는 있겠지만 왠지 어색한 용어로 다가온다. 그러다가 다음 낱말을 보고 의문이 풀렸다.

¶도사(島司): 〈역사〉 일제 강점기에, 도지사의 감독하에 섬의 행정 사무를 맡아보던 관직. 군수와 같은 관직으로 흔히 경찰서장을 겸하였다.

도청^{島廳}의 최고 책임자를 도사^{島司}라고 했다는 얘기인데, 도청^{島廳}의 풀이를 왜 도사^{島司}처럼 자세히 해주지 않았을까? 내 짐작에 도사^{島司}는 일본어사전 표제어에 있지만 도청^{島廳}은 일본어사전 표제어에 없기 때문이 아닐까 싶다. 1915년에 총독부가 울릉도와 제주도에 도청^{島廳}을 설치했다는 기록이 있다.

¶관공청(官公廳): 관청과 공청을 아울러 이르는 말.

관공서에 해당하는 말이다. 지금도 일본에서는 관공서와 함께 관공청이라는 말을 함께 쓰고 있다.

¶관택(官宅): 관청에서 관리에게 빌려주어 살도록 지은 집.
¶官宅:(→)官舍に同じ.

우리가 쓰는 말은 관택^{官宅}이 아니라 관사^{官舍}다.

그 밖의 말들

¶사벌정치([네덜란드어]sabel政治): 〈정치〉 군대나 경찰 따위의 무력으로 행하는 정치.

이런 말을 알아들을 사람이 있을까? 네덜란드어인 사벌^{sabel}이 곧장 우리에게 전해졌을 리 없고 당연히 일본을 통해 건너왔다. 식민지 시기에 일본 순사들이 차고 다니던 긴 칼을 당시에 사벌이라고 했으며, 흔히 사벨이라고 불렀다. 사벌정치도 일본 사람들이 만든 말이지만 널리 사용된 편은 아니다.

¶와사난로(瓦斯暖爐): 석탄 가스나 프로판가스 따위를 연료로 하는 난로.

와사瓦斯는 가스^{gas}를 일본 사람들이 한자어로 번역한 말이다. 김광균 시인의 대표시로 꼽히는 「와사등瓦斯燈」이 바로 가스등을 말한다. 그래서 와사등이라는 말은 그래도 많이 알려진 편이지만 와사난로라는 말이 있었다는 걸 아는 사람은 거의 없다.

¶벽부난로(壁附暖爐): 벽에 설치한 난로. 집 안의 벽에다 아궁이를 내고 굴뚝은 벽 속으로 통하게 되어 있다.

¶壁付暖炉: 焚口を壁面の切込みに設け煙道を壁内に隠した暖炉. 室内装飾をも兼ねた暖炉.

(번역) 아궁이를 벽면의 절삭에 설치된 굴뚝 벽에 숨긴 벽난로. 실내 장식을 겸한 벽난로.

벽부난로도 식민지 시기에 쓰던 말이지만 역시 들어본 사람이 거의 없을 것이다.

¶황마차(幌馬車): 비바람, 먼지, 햇볕 따위를 막기 위하여 포장을 둘러친 마차.= 포장마차.

포장마차와 동의어로 쓰인다고 했는데, 같은 말을 『고려대한국어대사전』은 이렇게 풀고 있다.

¶황마차(幌馬車): 1. 비바람, 먼지, 햇볕 등을 막기 위하여 포장을 친 마차. 특히 미국에서 18세기경부터 사용되기 시작한 대형 마차를 이른다. 2. 작은 수레에 포장을 치고 간단한 음식이나 술을 파는 음식점.

황마차幌馬車는 미국식 대형 마차를 지칭하기 위해 일본 사람들이 만든 한자어로, 음식을 파는 곳이 아니라 사람들이 타고 다니던 마차를 뜻한다. 일본 사람들도 미국 사람들을 흉내 내어 황마차를 만들어 타고 다녔다. 정지용과 윤동주 등의 시에 황마차가 나온다.

1950년대 이후에는 거의 쓰이지 않았다.

황마차는 지금도 일본의 삿포로 등에 가면 만날 수 있다. 외국 여행을 하다 보면 마차 투어를 하는 경우가 있다. 삿포로 시내에서 관광객들을 태우고 다니는 관광마차를 가리키는 이름이 바로 황마차幌馬車다. 그러므로 진짜 말이 모는 마차를 가리키는 '황마차'와 음식을 파는 '포장마차'라는 말은 엄연히 구별해서 사용해야 한다.

¶여행면장(旅行免狀): 외국을 여행하는 사람의 신분이나 국적을 증명하고 상대국에 그 보호를 의뢰하는 문서. 일반 여권, 관용(官用) 여권, 외교관 여권 따위가 있다.

1906년 1월에 「한국인외국여권규칙」을 제정하면서 우리도 최초로 여권제도를 도입했다. 일본에서는 그 이전부터 여권제도를 만들어 시행했는데, 그때 만든 용어가 여행면장旅行免狀이었으며 우리도 한동안 같은 용어를 사용했다. 일본어사전에서 여행면장旅行免狀을 찾으면 '旅券の旧称(여권의 구칭)'이라고 나온다.

¶가임(家賃): 남의 집을 빌려 사는 대가로 내는 돈.

집세에 해당하는 말인데, 식민지 시기에 쓰던 말이다. 일본에서는 지금도 활발하게 사용하는 용어다.

맺는 말

製졍는 글 지을 씨니 御엉製졍는 님금 지스샨 그리라 訓훈은 ᄀᆞᄅ칠 씨오 民민ᄋᆞᆫ 百빅姓셩이오 音ᅙᅳᆷ은 소리니 訓훈民민正졍音ᅙᅳᆷ은 百빅姓셩 ᄀᆞᄅ치시논 正졍ᄒᆞᆫ 소리라

國귁之징語ᅌᅥ音ᅙᅳᆷ이 國귁은 나라히라 之징는 ᅵ겨지라 語ᅌᅥ는 말ᄊᆞ미라

異잉乎ᅘᅩ中듕國귁ᄒᆞ야 異잉는 다ᄅᆞᆯ씨라 乎ᅘᅩ는 아모그에 ᄒᆞ는 겨체 ᄡᅳ는 字ᄍᆞ

나랏말ᄊᆞ미

論을 새로 만듦.
날날마다. 하나에. 9 ~ 20 L원.
치마의 주름.
깨우쳐 인도함.
개발 도상국.
사막 잠신 야훼를 섬기는
민족을 부정하고 야훼에 의해 흙으로
졌다는 방방을 일삼으며 개념을 상실한
천국 홍신지옥이라는 극단적인 사상을
있으며 과학자들에 의하면 아메바에서 바
화되었을 것으로 추정됨.
돼지 ①개와 돼지. ②개나
가청석(加錆石).

지금까지 제시한 낱말들 외에도 내가 찾지 못한 게 꽤 많을 것이다. 전문 분야별 용어들을 더 뒤져보고 싶은 마음도 있으나 여기에서 그치기로 한다. 이 정도만 해도 독자들이 피곤함을 느끼지 않을까 싶다. 정리할 겸 몇 가지 이야기만 덧붙이기로 한다.

아래 낱말의 풀이를 보자.

¶수부(受付): → 접수.

¶공산론(公算論): 〈수학〉 '확률론'의 옛 용어.

수부受付는 지금은 사용하지 않는 일본 한자어이므로 접수 항목을 찾아가라는 표시다. 공산론은 확률론의 옛 용어라고 했다. 수부와 공산론은 풀이에서 따로 설명하고 있지는 않지만 둘 다 일본 한자어이며, 새로 만든 용어에 자리를 내주었다. 이 정도만 해주어도 우리가 써야 할 말과 쓰지 말아야 할 말을 구분할 수 있다. 하지만 이런 사례보다 아무런 정보 제공도 하지 않은 사례가 훨씬 많다는 건 앞에서 충분히 살펴보았다.

¶공산(空算): 필기도구, 계산기, 수판 따위를 이용하지 아니하고 머릿속으로 계
산함.=암산.

공산^{空算}도 일본에서 건너온 말이고 지금은 사용하는 사람이 거의 없지만 풀이 뒤에 동의어로 암산을 제시했을 뿐이다. 한자로 된 낱말이 예로부터 우리가 사용하던 말인지 아니면 일본에서 건너온 말인지 구분하는 건 꽤 어려운 일이고, 애써 구분하지 않아도 되는 말이 태반이다. 가불^{假拂}이 일본 한자어라고 해서 버리고 '임시 지급' 같은 말로 고쳐 쓰자는 사람도 있지만 그건 오히려 말의 효용성을 떨어뜨리는 일이다. 다시 요약해서 말하자면 이미 우리말이 되다시피 한 건 그냥 놔두고, 위에 사례로 든 공산^{空算}은 암산이라는 말로 바뀐 지 오래되었으므로 수부나 공산론처럼 처리해 주는 게 옳겠다는 얘기다.

『표준국어대사전』은 국립기관에서 펴내는 사전이라 수정 절차가 까다롭다. 그래서 문제점을 계속 지적해도 바뀌기는 할지, 솔직한 마음으로는 기대하지 않는다. 장소원 국립국어원장이 2026년까지 표준국어대사전을 전면 개편하겠다고 했는데, 과연 제대로 된 개편이 이루어질지 궁금하기는 하다. 지금 국립국어원이 국어사전과 관련해서 공을 들이고 있는 건 〈우리말샘〉 사이트다. 시민이 낱말을 제안하면 그걸 받아서 전문가가 검토 후 사이트에 새로운 말로 올리면서 부피를 키워가는 중이다. 그렇다면 〈우리말샘〉이 『표준국어대사전』을 대체할 수 있을까? 내 대답은 전혀 아니라는 쪽이다. 국어사전이 어떤 기능을 해야 하는지, 국어 사용자들에게 얼마나 자세하고 친절한 길잡이 역할을 해야 하는지에 대한 기본 고민

이 없어 보이기 때문이다. 국어사전이 기본으로 갖추어야 할 부분에 대한 고민 대신 무조건 수록 어휘 수를 늘리는 데만 신경 쓰고 있다면『표준국어대사전』 못지않은 불량 사전이라는 오명을 벗어날 길이 없다. 이미 그런 모습을 보이고 있다는 걸 〈우리말샘〉에 실린 사례를 들어 이야기해 보자.

¶화변(花弁): 〈식물〉 꽃잎 전체를 구성하는 개개의 꽃잎.

풀이 아래에 대역어라며 영어 'petal'을 제시해 놓았다. 영어사전에서 'petal'을 찾으니 대부분의 사전에 꽃잎 혹은 화판^{花瓣}이라는 풀이가 나온다. 화변^{花弁}은 일본 사람들이 쓰는 말이고 우리가 쓰는 말은 화판^{花瓣}이다. 하지만 아무리 봐도 동의어로 화판을 제시해 놓은 게 보이지 않는다. 풀이에 쓰인 문장도 엉성하다. 꽃잎이라는 말이 맨 앞과 맨 뒤에 두 번 나온다. 이상하게 여겨지지 않는가? 화판의 풀이는 다음과 같다.

¶화판(花瓣): 〈식물〉 꽃을 이루고 있는 낱낱의 조각 잎.=꽃잎.

여기서는 앞에 쓰인 말이 '꽃잎'이 아니라 그냥 '꽃'이다. 꽃과 꽃잎은 엄연히 다른 말이다. 그런 구분조차 하지 못하는 〈우리말샘〉 편찬자의 무심함을 어떻게 이해해야 하는 걸까?『고려대한국어대사전』은 '꽃부리를 이루고 있는 낱낱의 조각'이라고 풀이했다. 어떤 풀이가 제대로 된 건지 독자 여러분이 판단해 보기 바란다. 참고삼아 덧붙이면 〈우리말샘〉에는 'petal'이 들어간 외래어로 페틀 슬리브

petal sleeve, 페틀 헴petal hem, 페틀 팬츠petal pants, 페틀 드레스petal dress, 페틀 스커트petal skirt도 표제어로 올라 있다. 점입가경이라는 말이 생겨난 이유를 알 만하다.

¶지박령(地縛靈): 자신이 죽은 곳을 떠나지 못하고 죽은 장소를 계속 맴도는 영혼.

요즘 젊은이들 사이에 제법 퍼져 있는 낱말이다. 이 말의 유래를 추적하다 일본 사이트에서 다음 구절을 만났다.

地縛霊という言葉は日本における心霊ブームの第一人者,中岡俊哉の造語である. 近年では一部の日本の国語辞典にも掲載されている.

(번역) 지박령이라는 말은 일본 심령 붐의 제인자 나카오카 도시야中岡俊也의 조어다. 최근에는 일부의 일본 국어사전에도 게재되고 있다.

나카오카 도시야가 '地縛靈(지박령)'이라는 제목이 들어간 책을 낸 건 1985년이다. 그전에는 없던 말이고, 저자가 상상 속에서 창안한 영혼을 지칭하는 말이다. 이런 사정을 모르고 〈우리말샘〉에 있는 풀이대로만 이해하면 마치 우리 고유의 민간신앙에서 비롯한 말로 오해하기 십상이다. 지박령도 모자라 아래 낱말도 〈우리말샘〉에 있으니 친절하기 그지없다.

¶사무실 지박령(事務室地縛靈): 야근 등으로 퇴근하지 못하고 장시간 사무실에 머무는 직장인을 지박령에 비유하여 이르는 말.

아직 널리 퍼진 편은 아니지만 우리도 지박령이라는 말을 받아서 쓰고 있으니 국어사전에 실을 수는 있다. 다만 유래 정도는 밝히면서 실어야 국어사전의 역할을 하고 있다고 말할 수 있지 않을까? 비슷한 예로 흑역사黑歷史라는 말도 〈우리말샘〉에 실려 있다. 이 말은 일본 애니메이션 작품에서 처음 사용됐는데, 역시 풀이만 있고 유래는 언급하지 않았다. 흑역사는 지박령에 비해 매우 폭넓게 쓰이면서 이제는 거의 우리말처럼 되었다. 이런 말들을 버리자고 주장하는 건 아니다. 말의 탄생지와 탄생 시기 정도는 알려주는 수고를 해달라고 부탁하는 말이다.

덧붙여 요청하고 싶은 건 낱말이 사용된 출처나 용례를 반드시 실어주었으면 하는 것이다. 본문에 소개한 낱말 중 일제 식민지 시기에 잠시 쓰이다 만 것들은 옛 신문기사만 검색해도 금방 나온다. 그중에서 가장 앞선 시기의 문장을 제시하면 그 낱말이 언제쯤에 쓰던 말인지 국어사전 사용자가 쉽게 알 수 있다. 귀찮을지는 몰라도 어려운 일은 아니다.

부디 우리 국어사전이 말들의 안온한 거처가 되는 동시에 그동안 이룬 국어학의 성취를 온전히 담아내는 그릇이 되기를 바란다.

국어사전 독립선언
일본어사전을 베낀 국어사전 바로잡기

초판 제1쇄 발행 2022년 10월 09일

지은이 박일환

펴낸이 김현주

편집장 한예솔
교 정 김희수
디자인 이강빈
마케팅 한희덕
펴낸곳 섬앤섬

출판신고 2008년 12월 1일 제396-2008-000090호
주 소 경기도 고양시 일산동구 백석로 119. 210-1003호
주문전화 070-7763-7200 **팩스** 031-907-9420
전자우편 somensum@naver.com
인 쇄 성광인쇄

ISBN 978-89-97454-54-9 03700

이 도서는 한국출판문화산업진흥원의 '2022년 중소출판사 출판콘텐츠 창작 지원 사업'의 일환으로 국민체육진흥기금을 지원받아 제작되었습니다.